这就是
加拿大
读书在枫叶之国

肖莉 著

This
is
Canada

人民日报出版社

自 序

致人生中每一段夏花般绚烂的旅程

记得办妥移民手续、离开北京时,我在北京那所国际学校里结识四年的一位忘年交,70多岁的于老师,为我写了一段话——《在路上》:"一次又一次地出发,在人生路上。一个人到很远的地方去读书,一个人带着孩子到很远的地方去工作,又带着家庭到很远的大洋彼岸生活……"这是对我人生之路的真实写照。最喜欢林徽因的那句话——"我大概是一只鸟,充满了警觉,不容易停留,所以一直在飞。"这一次,我又一路振翅飞翔,来到了温哥华。

这些年中国有了值得夸耀的GDP,中国人向外奔跑的脚步却从来没有停止:从偷渡移民减少,到劳务移民出现;从劳务移民沉寂,到技术移民兴起;从技术移民受限,到投资移民受捧;从加拿大投资移民暂停,到其他国家投资移民升温;从投资移民火爆到留学火爆;从澳洲留学因难以移民而受冷遇,到留学大军涌向加拿大;从大学生留学到高中生留学,乃至初中生、小学生留学……中国人的故事在世界的各个角落上演,而我将要讲述的是自己作为一名教师、一个妈妈在温哥华亲历的教育故事。

因为工作的原因,十多年来曾在多所国际学校任职,接触了形形色色的外教。尽管每个人都个性鲜明,但作为在海外任教的老师,他们的共性是:四海为家,享受异域风景与文化。他们的这种包容与开放深深感染了我。生命是一段旅程,经历和体验最重要。没有筑起高墙,把自己与当地隔绝,以开放的心灵去感受生命中的新鲜,即便当下曾有过痛苦的咀嚼,彼时回忆起来,定有不同滋味。

特别喜欢易中天的《读城记》:"城市和人一样,也是有个性的。有的粗犷,有的秀美,有的豪雄,有的温情。"所以,我不断地通过工作、旅游去解读不同的城、不同的人。历数我所学习、工作、生活过的地方,乐山,北京,常州,无锡,苏州,上海,温哥华,一座座海内外的城市像一枚枚闪亮的贝壳,串成我的故事。生活在别处的人,难免有种疏离感,总会觉得自己是外乡人。然而,当你被一座城市,哪怕是被这城市的某个细节吸引,情形便不同。当我全身心地投入当地的市井生活,走街串巷去买菜,每日奔波在上下班的途中,去当地博物馆解读历史上的生活,在当地的剧院欣赏原汁原味的表演……我会觉得我就是那里的人,我了解他们，他们和我一样。

所以当屡次被问到"你为什么移民？是为了孩子的教育吗？"时，我诚心诚意地想告诉家长，千万不要对孩子说："我们移民加拿大全是为了你。"诚然，这些年教育移民成为一种趋势，是具有典型中国特色、一切为了孩子的家庭移民，可是，年幼的孩子肩负不了如此沉重的爱。因为，爱，往往意味着责任啊。成年人不妨这样认为，移民是为家庭换一种生活方式，孩子也不必背负全家的期望，反而可以以轻松的心态融入当地，开始新的学习生活。我下定决心要移民，其实是为了尝试不同的人生，体验不同的文化，为自己，也为孩子。

当我来到温哥华，我的生活又紧紧地和教育联系在一起，这大概就是作为教师的宿命吧。接触到很多家长，非常关注孩子的教育，有的在孩子八、九年级时就让孩子接受 SAT 的培训，还有的孩子已经 11 年级了，还在 ESL 班上，对于省考、毕业、申请大学，父母完全没有头绪。我是真为孩子们着急，如果他们和父母能够早一点儿了解这方面的信息，就不会走弯路，年少岁月，弥足珍贵，经不起蹉跎。所以，我便萌生了把自己在这方面的心得写出来与大家分享的想法。教育问题中，英语作为第二语言的学习，选择教师的问题，英语和汉语阅读，私校排名的秘密，如何申请名校等，对于生活在世界各地的华裔学生来说都是共同的。希望发生在加拿大的故事，对于生活在英、美、澳、新的华人家长、老师和孩子，都有启发。作为妈妈，教育女儿一路走来有心得，有收获，自然也少不了困惑，愿与大家分享、讨论。

目 录
CONTENTS

001 | 036 **Chapter 1** 理想要丰满，准备须充分

　　003　　一、孩子出国学习的最佳时间
　　006　　二、定居前的考察
　　026　　三、首次入境加拿大的温馨提示
　　029　　四、出国读书前需做的准备

037 | 110 **Chapter 2** 异国，未必都是他乡

　　039　　一、教育理念
　　044　　二、了解加拿大的学校
　　053　　三、安居
　　060　　四、父母的生活与工作
　　065　　五、家长与邻居的相处
　　069　　六、孩子融入学校
　　073　　七、解决孩子在学校的心理问题
　　076　　八、如何面对同伴压力
　　079　　九、孩子的成绩单

081　十、怎么看待加拿大的混龄班

085　十一、数学的重要性

088　十二、保持中文优势，打造双语人才

091　十三、引导孩子的课外学习

094　十四、创造中英文双语学习环境

099　十五、教孩子克服中西文化差异

103　十六、培育健康的亲子关系

106　十七、温哥华的"陪读妈妈"

111 | 184　**Chapter 3**　**走进这边风景**

113　一、加拿大与中国的不同

131　二、游览、节日庆典及其他

173　三、温哥华的公交系统

176　四、考驾照与挨罚事件

| 185 | 232 | **Chapter 4** 名校，并不遥远

- 187　一、揭开 SAT 的面纱
- 190　二、如何准备 SAT 作文
- 192　三、AP 和 IB
- 200　四、选科与选课
- 203　五、报考美国名校策略
- 206　六、GPA
- 209　七、学不学第三种语言：法语、西班牙语
- 211　八、11 年级备战名校
- 214　九、12 年级冲刺名校
- 218　十、中学课程负荷水平
- 220　十一、弃修课程对报考名校的影响
- 222　十二、名校的优先申请和正常申请
- 224　十三、名校面试如何脱颖而出
- 227　十四、被名校拒绝或列入候补后
- 229　十五、准录取信
- 230　十六、名校报考后的问题

| 233 \| 273 | **Chapter 5** | 温情的叮咛 |

235	一、行李的准备
237	二、如何选航班
239	三、住宿与安全
243	四、倒时差
245	五、CIIP 项目
247	六、是否选母语为英语的教师
249	七、ESL 学习
252	八、如何提高英语写作能力
256	九、孩子如何与老师相处
259	十、孩子如何与邻居相处
261	十一、如何参与志愿者活动
264	十二、如何申请美国签证
267	十三、学生家长如是说
269	十四、学长如是说

| 274 \| 276 | **附录** | 加拿大留学十问答 |

理想要丰满，准备须充分

不论选择举家移民还是潇洒地让孩子单飞国外，相信您已经准备好了接受各种洗礼：离开故土、亲人的失落，抛弃国内辛苦积攒的无形资本的阵痛，踏上异国他乡的新奇与陌生交织的复杂情感……尤其是幼小的孩子只身远渡重洋，事实上你的目光真的难以飞越万里关山，你的种种担心只会游离于孩子真实的生活之外，找不到落脚点。当舐犊之情折磨你的梦境，当醒来时枕头被思念浸透，当微薄的悔意啃噬你柔弱的心，出国，便不再如当初那么美好和令人心动。

然而，您是主动的，供您发挥长项的空间无限广阔。尽量占有第一手材料、充分了解出国前后的程序、从意念中走进全家或孩子即将融入的国度、仔细权衡孩子即将就读的学校和专业……当孩子用稚嫩的手臂向您挥别之前，作为家长，您要做的事情有很多，不论是物质上还是精神上。

出国，不仅需要惜别的眼泪，更需要充分的准备。

一、孩子出国学习的最佳时间

◎小鹰终要飞翔，但要选择对的时机。

> 如果有的孩子成熟比较早，有较强的自立能力，也喜欢像寄宿学校这种与其他学生住在一起的、较为社交化的生活，这样的孩子可以考虑早点儿出去。有一些没有完全独立的孩子，如果出去太早，会对孩子有心灵的创伤，更甚者觉得被父母抛弃而留下心理阴影。所以并不是说越早送出去，孩子的前途就越光明。

中国人生了病，普通同事，甚至是陌生人，都可以问候病情，详细询问治疗地点和方法、主治医生及花费，可以以兄弟姐妹、父母亲人或仅以过来人的口气，为病人出主意、提建议，急脾气者竟可以以责怪的口气批评病人耽误了病情。美国人生了病则不然，旁人仅对其表示关心即可，不必问太具体，更不必提出什么建议，免得犯隐私，让当事者误以为其独立性受到伤害、能力受到轻视。

介绍新朋友、新同事时，中国人喜欢用褒扬的言辞，甚至不惜以溢美之词把人狠狠称赞一番，但美国人却认为，初次结识，相互介绍，只需突出对方的身份、学历、职务等信息即可，不必评头论足，更不必夸大其词、无中生有地为对方美言。

中西方文化，泾渭分明。

文化不同，教育体制、教育理念自然也不同。

西方教育注重感性认识，强调实践能力；中国的课堂里更多地讲授理论知识，知识含量大，学生的基本功扎实牢固。我国著名物理学家杨振宁教授认为，如果能浓缩东西方教育的精华，将是教育发展的"完美"境界。

网名恒恒哈哈的网友在其博文中说：

在小学阶段，澳洲小学几乎没有家庭作业。就是有，也是每周一次的少量练习。孩子们每天8：55到校，活动半个小时后才开始上课，然后下午15：00就放学。看着他们每天背个大书包上学，以为装了很多书本，但里面其实就只装一个大大的饭盒和水壶而已。没有课本，没有考试。学校还每学期发个家长意见咨询，就为了解释为什么还要布置每周一次的少得可怜的家庭作业。因为澳洲人认为，孩子在童年时期就应该玩，不应该给孩子繁忙的生活增加负担。

孩子在国内上小学时，每天6：30起床，7：20早读，下午17：00放学后，再辗转于钢琴班、英语补习班、绘画班等等。等课程结束后，回到家还得赶紧写大量的家庭作业。基本上等一切结束后，也将近21：00了，洗洗赶紧睡了。在国内孩子最常说的话是：什么时候能玩呀？！

正因如此，让孩子兼享中西方教育之长，东西合璧，学贯中西，已成为中国家长的美丽梦境；让孩子走出国门，接受国外迥然不同的教育，也成为不少中国家长的努力目标。

孩子什么时候出国学习最佳？这是一个非常难以回答的问题，我也一直想找一个最佳的平衡点。

长期在国际学校工作的缘故，我有机会亲身深刻体会中、西之间教育的差异，因此，我对国内和西方两种教育更加难以取舍。中国在国际舞台上越来越引起外界的关注，如果希望孩子能够享受到中国进步带来的成果，孩子就应该努力掌握好自己的母语，只有这样才能真正读懂自己民族的历史，理解曾经引以为傲的辉煌和经历过的苦难。这些年，海外的华人普遍重视子女的中文学习，但是在一个非中文环境下要想学好中文几乎是不可能的事情，许多孩子学了六年中文，仍然读不懂本地的中文报纸，这与在中国学了六年英文读不懂英文报纸何其类似。

中国的教育尽管存在自己的问题，但是基础教育仍有可取之处，比如在中小学阶段，非常注重数理化方面的学习，而这方面的训练对孩子日后的逻辑思维能力会有极大的益处，而且学生处在一种高度竞争的环境里，培养了很强的自控能力和学习能力，虽然表面上看有些残酷，但这对日后孩子的成长也是有帮助的。

从学习第二语言的角度看，语言学专家认为12岁以前是最佳时机，也有加拿大专家研究发现，新移民大约需要7年时间才能真正掌握英文，从这种意义上说，如果你期待自己孩子的英文日后能够接近母语程度，12岁左右出国会是一个理想的时机。此外，国内小学阶段的数学训练远比国外强度、难度大得多，这一点对孩子的日后学习会有极大的帮助。创新工场董事长兼CEO李开复，也是在台湾上完小学，再到美国继续中学和高等教育的。

如果孩子已经上到高中，此时送到国外读高中就要非常慎重了，因为英语国家，包括美国、加拿大、英国、澳大利亚和新西兰，都有ESL制度，要通过ESL各级的考试，才能结束ESL课程，在此之前是没有办法修满中学规定学分的，因此往往无法正常高中毕业。

美国大学入学必须参加SAT考试，语言的难度高于托福考试。

加拿大BC省（British Columbia）虽然没有高考，但中学毕业必须通过省考，所有学生必须考English 10（10年级英语）、Math 10（10年级数学）、Science 10（10年级科学）、Social Studies 11（11年级社会学）和English 12（12年级英语）才能高中毕业。

对大部分中国孩子来说，想在三年左右的时间内，完成ESL课程到省考的跨越，难度特别大。BC省的教育局还规定，如果孩子已经年满19周岁，就不能在公立高中就读，必须进入成人高中。

我曾接触到多个学生个案，也渐渐萌生了一些隐忧，便想从一个过来人的角度，做一些必要的提醒。我给国内家长的建议是：除非孩子学习能力突出，抗压能力很强，同时父母能陪伴在身旁，给孩子精神的支持和有用的意见，否则，则建议让孩子在国内高中毕业后再来加拿大读大学。

二、定居前的考察

◎爱孩子，首先要爱上孩子将去的城市。

> 温和是温哥华不变的表情，当番红花、黄水仙花处处盛放，春天已泼辣地到来，此时，才是公历的2、3月呢；夏季自然厌弃性情暴躁，即便是盛夏，晚间也不拒绝轻便的外套或毛衣；秋季自不必赘言，我们平素忌惮的冬也一派温润，白雪俨然成了贵客……孩子在这里生活、学习，似还不错。

2014年温哥华教师罢工，导致公立学校从6月起每周都有一天停课，到了6月下旬，干脆就提前放假了。女儿Mina闲在家的日子，我要求她把国内6年级语文、数学自学完。为了激励她，我半是调侃地说："好好学，如果罢工不解决，我们可能还要回国上学呢。""当初不想来，你非诱惑我来；现在不想走，你又让我回。不回！"她不屑地看我一眼。看来东西方文化兼有的独立自主已经深入女儿骨髓，我不由慨叹"自作自受"。回忆我费尽心机地引导她，直到她愿意来到加拿大学习生活这一心路历程，也是百感交集。

移民最初是我提议的，女儿和她爸爸最初没有什么感觉，似乎这件遥不可及的事情还与他们无关，任我去折腾吧。谁知，我一下子成了被上天眷顾的宠儿，别人等待五六年的艰辛漫长的历程，我不到两年就走完了。随着移民手续顺利地按部就班进行，渐渐地他们也更关注加拿大的一切了。对于在哪个城市定居，他们会经常和我分享听说过的段子，比如，"穷居多伦多，富居温哥华"；"温哥华一年只下一场雨，从每年十月下到第二年三月，一下就是半年"。

因为之前在北京工作的国际学校和汉密尔顿市的哥伦比亚国际学院有合作项目，我曾带学生在汉密尔顿生活过一段时间，并游览了距离汉密尔顿市仅有大约一个小时车程的多伦多市，对这个城市有切身的感受。早就听说温哥华被誉为世界上最宜居的城市，但因为房价和生活成本高，就业机会不多，所以大多数技术移民首选多伦多。但百闻不如一见，真实的情况到底如何，还是想一探究竟。此外，为了建立起女儿对加拿大的好感，让她心甘情愿离开熟悉的地方和朋友，欣然前往未知的国家，开始新的生活，我们便决定利用2012年的国庆节去温哥华旅行。

我们对温哥华最直接的印象来自2003年一部风靡大江南北的电视剧《别了，温哥华》。四名个性鲜明的年轻人在温哥华的情感故事，让亿万中国人对这个叫温哥华的城市充满了向往。具有讽刺意味的是，在我想以此电视剧为切入点，比较温哥华与多伦多两地的异同时，我竟惊奇地发现：《别了，温哥华》是改编自《雪后多伦多》（常琳著）。对这个问题，我还真拿出了做学术研究的劲头，好好钻研了一下。

以下是我的"研究成果"——

西方人把温哥华比作湖泊，多伦多比作大海；华人把温哥华类比作中国的杭州，把多伦多比作上海。从面积、人口、经济诸多方面考量确实如此，而我想从文学创作、电影拍摄的角度来谈谈两者的差异。

杭州是一位温婉的小家碧玉，上海是一位开朗的大家闺秀。许仙与白娘子缠绵悱恻的爱情故事，发生在烟雨蒙蒙的杭州再合适不过，而正由于雨，才有了借伞还伞的桥段，推动着浪漫情缘的展开。上海这样的大都市，适合酝酿《上海滩》这样的豪门恩怨，与杭州相比，少了丝丝惆怅的浪漫情怀。所以将两个城市做类比，便可理解温哥华与多伦多的区别。

小说以文字取胜，文字是温馨平淡的，平淡中带着点点惆怅，引人无限遐想。电影则要把文字后面的东西提炼出来，要有吸引眼球的冲突、曲折离奇的情节，要靠场景布置、气氛渲染征服挑剔的观众。温哥华的雨季似乎是爱情故事的天然背景，绵密的雨丝，似离愁，剪不断，理还乱。所以改编后的电视剧，把故事放在了温哥华，似乎更合理，更符合人们的审美期待。温哥华的影视产业确实发展迅猛，因为有着宏伟的雪山、广阔的海洋、茂密的森林等多样的风景而成为北方的好莱坞，无数电影、美剧在这里拍摄，比如我们熟知的电影《碟中谍4》《死神来了5》《暮光之城》系列、《X战警／金刚狼》系列、《博物馆奇妙夜》系列，美剧《邪恶力量》《绿箭侠》等等，数不胜数。包括国内风靡一时的爱情电影《北京遇见西雅图》，也有很多场景取自温哥华。看来，这里绵绵的细雨和灿烂的阳光、古典建筑和现代高楼的完美结合，让它成了许多大导演的首选——一座具有艺术气息的浪漫之城。

当然，对普通人的家居生活，浪漫不能当饭吃，客观地比较才有说服力，于是我做了如下的对比：

☐ 温哥华

优点：尽管纬度较高，但濒临太平洋，气候宜人，冬天基本在0度以上。风景环境相对更美，背山面海。回国方便，较多伦多近2个小时。

缺点：工作不好找。投资移民居多，房价和消费较高。华人中以香港人、广东人居多，饮食方面北方风味相对少些。位于环太平洋地震带，有地震和海啸的风险。

☐ 多伦多

优点：安大略省是加拿大经济的火车头，多伦多是安省经济最发达的地区，特别是密西沙加市，集中了很多的工厂和公司，工作机会相对多。邻安大略湖，风景优美，不必担心飓风、海啸。大陆移民很多，是技术移民的聚集地，形成了自己的居住、饮食、社交圈，大陆口味的餐馆很多，超市里大陆口味的食品也很多。房价、消费较温哥华便宜。

缺点：大陆性气候，较冷，冬天有时会到零下20度。风景环境不如温哥华。回国较远,要飞 13 个多小时。

  记得有朋友在我动身之前问过我,去了加拿大做什么工作,还是做英语老师?那里的每个人(她应该指的是加拿大人)的英语都说得比我好,我去教谁?实地考查之后,就会发现实际情况与主观臆断完全背道而驰。我在温哥华考虑自己工作机会的时候,发现由于华人众多,尤其是投资移民,他们愿意在孩子的学习上投资,所以这里的培训学校众多,竞争自然也很激烈。我试着发了简历,很快就有了回音,约我面试,这样看来,应该比较容易找到工作;孩子的爸爸觉得生活在温哥华,他可以完全按照中国人的生活习惯生活,同时又享有西方世界的诸多发达、方便和自由自在;女儿在温哥华最喜欢的是,动物与人竟然可以如此亲近,她立刻便爱上了这里。

  最让人忍俊不禁的是,就连 BC 省的省考试卷封面上也赫然印着:"the best place in the world(世界上最棒的地方)。"——他们该是有多骄傲,才会在如此严肃的场合,也如此幽默。

  2013 年冬天的极寒天气,多少场暴雪,让世界的眼光都聚焦北美东部,而多伦多自然是重灾区。国内的亲人朋友经常打电话询问我们是否安好,让我

English Bay 英吉利海湾迷人的曲线

暗自庆幸没有错过温哥华——世界上最适宜居住的城市。后来，还遇到一位来自萨斯喀彻温省（简称萨省）的中国人，在那里住了两年后，虽然有工作机会，生活成本低，但因为气候原因，还是决定移居温哥华。

如前所述，投资移民往往选择温哥华，他们带着相当丰厚的积蓄过来，买房、买车、投资子女教育，在中国依然有稳定的收入流，没有打算在加拿大工作。在温哥华处处能看到悠闲富足的人群，个个好像家里有印钞机似的，宝马奔驰凌志停满了个个商城的停车场。而作为技术移民，生活在这样的环境中，如何拥有良好心态、坦然处之、确是生活中的一门课题。

如果追求的是好山好水好空气，满足的是一份普通收入，珍惜的是知足常乐，放弃的是攀比炉羡，购置的是舒适温馨的公寓，享受的是一份惬意悠闲的生活格调——一杯咖啡一本书，一张摇椅一首歌，温哥华的确是个"淡妆浓抹总相宜"的美好家园。

2012年温哥华考察之旅（日记）

10月5日

因惧怕大上海的早高峰，早上6点就从无锡出发赶赴上海浦东机场，经过漫长的等待，1点半准时起飞。想到10个小时的飞行后，迎接我们的是温哥华的朝阳，我叮嘱父女俩一定要在飞机上养精蓄锐，保持战斗力，不影响后面的游览。"中顽童"带着"小顽童"对我的话置若罔闻，看电影，打游戏，看电影，打游戏，10个小时都是高度亢奋状态。我只好独善其身，困了赶紧趁着睡意休息。

坐我旁边的是一位印度姑娘，除了吃饭睡觉，一直在看讲义，我瞄了一眼——都是细胞、病毒的图谱。我就和她聊起来，她是加拿大医学院的学生，父亲在广州工作，这次到中国是和父亲相聚的，10个小时，她没有浪费一分钟——怪不得医生是加拿大受尊重的职业。我们看得到别人的高收入，却看不

去往阿尔伯塔省的路上，看不尽的美景

到背后所付出的努力——这算是我加拿大之行的第一次心灵震动。

飞机降落前，我们填写了海关申报表，全家用1份，入境的时候要查验。飞机停稳后，我们跟随人流进入机场大厅。出示护照和移民签证后，被告知到新移民检查处排队接受检查。移民官核实身份的整个过程短的5-10分钟，长的有30-60分钟。移民官询问的问题包括："以前是否来过加拿大""是否有犯罪记录""婚姻及子女情况是否有变化""带了多少钱""是否有后续托运的物品"等。在核实身份后，移民官请每人在各自的移民纸上签字。我提供了枫叶卡寄送地址、电话、姓名（留自己的）——因为我们没有固定住址，我提供的是此行将要入住的家庭旅馆房东的地址。（我们回国之后，房东收到枫叶卡后，托回国的人带给我们，第二次入境用枫叶卡和护照就可以了。）移民官在护照上加盖入境章后，我们拿到了办理社会保险卡申请表等移民安置资料袋。

等候领取行李的时候，有一段小插曲：一对国内来的母女行李里带了牛肉干，而根据出入境管理要求，肉类是不可以携带入境的，大概她们想侥幸过关。没料到，警犬的鼻子可不是摆设，警察示意她们打开行李检查，并将她们带到办公室。从此她们的入境记录上将会有不好的历史，会成为入境时的"特别关照对象";另一方面,也为中国人这个群体抹了一笔黑——在加拿大海关警察心中:中国人,你们为什么不守规矩?

从传送带上领取行李后,携带所有托运行李和手提物品,向海关检查人员出示护照、移民签证、海关申报表,接受检查。准备两份清单,一份列出随身携带物品,另一份列出随后寄运的物品行李(我的感觉是,这一份他们根本不看)。物品一般不做开箱检查,通常只做X射线和警犬检查,大概是防范毒品吧。人流中的一部分人,离开隔离区,进入机场大厅后转机前往加拿大其他地方。

终于出了机场,看看手表,整个入境手续耗时两个多小时。找到公用电话,我给房东打了电话(我特意选择住在离机场比较近的地方,方便接送),大约二十分钟后,接我们的车就到了,终于住进了家庭旅馆。

相对于酒店,家庭旅馆有众多的好处:独立的套间,特别适合家庭出游;公用的厨房,可以在游览之余亲自下厨,解决肠胃的思乡之苦;价格也相对便宜,成为华人到温哥华旅游、定居之初的首选。另外,来自中国五湖四海的朋友,在交谈中会给你意想不到的启发。

温哥华,我们"飘洋过海来看你"了!

10月6日

今天安排的是"市区自助一日游",首先体验的是温哥华赫赫有名的 skytrain(天车)。温哥华的 skytrain 是世界上最长的无人驾驶的轨道交通系统,线路总长 49.5km,共有 33 个车站,目前有 Expo Line,Millennium Line,Canadian Line 三条线路。与中国城市的轨道交通系统不同的是,skytrain 各个车站均不设检票设备,但可能会有一些警察或者 skytrain 工作人员上车抽查,若有逃票者,将重罚并记入档案。

曾经看过一个小故事,一个来自中国的女留学生为了节省车费,经常逃票,被警察查到并记入档案两次。她本以为是件小事,没想到毕业后,因为逃票的记录,居然没有公司愿意聘用她,她只有选择回国。在西方社会,没有比信用更重要的。还有一点值得说明的是,skytrain 所有列车均为无障碍列车,车与站台的缝隙很小,残疾人的电动轮椅都能直接开上去。骑自行车的人也可以很容易携自行车进站上车,车上有专门的自行车位。

我们买的是一种叫作 fare saver 的优惠票,需要在车站的机器上激活。激活后,车票上就被打印上时间,在 90 分钟内可转乘其他线路或公交车。车速很快,倏忽间就到了 Downtown(市中心)。出了车站,暂时还未找到东南西北,只好先漫步,再慢慢找方向。旁边的公交车站停了一辆空的公交车,司机是一个肤色黝黑的帅哥,满脸灿烂的笑容,衬着一口白牙,在车旁手持咖啡,享受暖阳。他热情地和我们打招呼,我们好奇地向车内张望,没想到他竟然邀请我们上车试试。小顽童毫不客气地坐在了司机的位置上装模作样地扳了扳方向盘,中顽童只好在旁边充当"打酱油"的角色——一个绝好的开端,我们仨觉得加拿大人正张开宽广的胸怀,热情地接纳我们。

我们沿着 Burrard Street 一直往前走,观街景,看游人,不知不觉到了加拿大广场。加拿大广场作为温哥华的象征而为人熟知,大楼顶部有五组由玻璃纤维制成的白帆,是温哥华最主要的地标之一,设计有点儿像悉尼歌剧院。吹着清新海风,欣赏碧海蓝天,完全不能满足 Mina 的好奇,她把注意力都给了马路上时常经过的各式观光车、海面上飞过的海鸥和鱼鹰。有一个特殊的"乐器"吸引了她，表面看来是普通的几根长短不一的银色金属管，可摸上去，就会发出高低不同的音色。她旁若无人地独奏了一曲，并博得了其他游人的掌声——学音乐的孩子，会享受生活中更多的乐趣。

下一个目标是 Gas Town（煤气镇），从高楼林立的市中心步行至此，就好像突然穿越回了 20 世纪初的英国，红砖和鹅卵石铺就的狭窄街道、老式的瓦斯街灯、百年以前的建筑和装饰，一切都古香古色，让人怀旧。街道两旁有美丽的枫树、著名的古董店、原住民艺术品店、画廊、酒吧、咖啡馆等，颇有氛围和情调，吸引着不少人在此闲逛和购物。

这里最有名的是蒸汽钟（Steam Clock），位于 Water Street 和 Cambie Street 交汇处的人行道上，重约 2 吨，是世界上第一座由蒸汽推动的时钟。以 1875 年的式样为基础设计，由钟表师兼雕塑家 Raymond Saunders 在 1977 年建造而成。蒸汽钟的底座下有导管接引着蒸汽来推动时针的运转。有趣的是每隔 15 分钟，蒸汽会自地下冒出，并操纵 5 只汽笛，吹奏出西敏西报时曲。Mina 又一次流连忘返，听完一次不过瘾，还要等下一次的报时。

回程坐公交车的时候，出了点儿小尴尬：我自认为已经做足了功课，却不知下公交车，需要拉车上特制的拉绳，使提示下车的信号灯亮起，司机才会停车。我们站在车门口，准备下一站下车，没想到到站了，司机却没有停，汽车即将疾驰而过。情急之中，我只有发挥自己的大嗓门："Excuse me. I need to get off."（对不起，我要下车。）还好，女司机只用异样的眼神从后视镜里看了看我们，还是停车让我们下了，全车的人都向我这个大嗓门的中国女人行了注目礼——尴尬！It's a bad way to learn.（真是一种糟糕的学习方式）事实上，后来我才发现，在异乡生活，这种尴尬的学习方式是难免的，我们只要有自嘲的精神，便可以泰然处之。

10 月 7 日

Stanley Park 是温哥华市内最大的公园，所以今天计划就去这一个地方。原本查了攻略，制定了路线，不过进了公园后，完全按照女儿的喜好和节奏，信马由缰，走到哪里算哪里。

坐19路公交车，到达公园内，最先游览的是玫瑰园。虽然已经到了10月，玫瑰花季还未过，玫瑰园中各种品种、各种颜色的玫瑰仍然争相盛放，娇媚至极。

大草坪上，女儿邂逅了松鼠、大雁，她从旅行包里掏出自己的小饼干喂松鼠。松鼠很聪明，试探了几次，发现确实没有危险，就肆无忌惮地靠近，享用饼干——后来，我才在别的地方看到指示牌，告诫游人不要用自己的食物喂野生动物，因为擅自喂食容易引起它们的死亡，赶快告诉女儿，这都是我们在加拿大每天要学习的新课程。

我和先生就在草坪上坐着，看女儿和动物的互动，任时光流逝，感觉真好。她玩够了，我们就沿着小径向密林深处行进，随处可见需要几人拉手才能横抱的红杉树。大约走了半小时，就来到了Beaver Lake（河狸湖），一群绿头鸭在波光粼粼的水面嬉戏，我们又一次犯了错误——用饼干喂食它们——下次绝不再犯。这里也是一个向公众宣传保护自然的绝佳场所，旁边的科普宣传栏展示了这种森林湖泊的发展过程以及它几十年后将会面临的消亡——最终的消失是它的宿命，"无可奈何花落去"。

日落时分，在海边，Mina第一次看到了浣熊，它正忙着在垃圾桶里找东西呢。它憨态可掬的模样，吸引Mina想上前摸摸它。我记得浣熊是会咬人的，所以提醒她"可远观而不可亵玩"。

今天应该是Mina最开心的一天，与那么多动物近距离接触，步行了那么久，在回家的路上终于撑不住了，呼呼大睡。爸爸只好把她背上，我给父女俩拍了张超有爱的照片。

10月8日

房东提醒我们，趁着今天是工作日，早点儿把工卡办好。加拿大工卡，全名是社会保险卡（Social Insurance Number Card），简称SIN卡。它是新移民在加拿大的一个永久号码，是合法工作的证明。SIN卡是我们到加国后要申请的第一张卡，这个白色的塑料卡上印有一串由九个数字组成的号码，这个号码就是社会保险号码，是唯一的。有了这张卡，才可以在加拿大工作。其他卡、社会福利（例如健康卡、儿童牛奶金等）的申请与领取都要用到 SIN 卡，这个九位数字的卡还用来识别谁在工作赚钱，要照章纳税，以及养老金计划和使用政府服务等。

热心的房东开车送我们到附近的就业中心。在入关时，移民局工作人员曾经给我们一份相关的申请表格，上面留有地址。申请时需携带护照和移民纸并亲自申请，SIN 卡会在申请后的三个星期内寄给我们，所以一定要有一个能让政府将 SIN 卡寄给（SIN 卡只能邮寄，不能亲自领取）我们的通信地址。这一次我提供的仍然是房东的地址。

在就业中心，大家在宽敞的大厅排队等候，排到我们的时候，工作人员面带笑容，详细询问相关信息，帮我们把卡办好。他的专业态度充分体现了公务员的角色特点，是为公众服务的，让我们感到了作为小人物也是有尊严的。这一次，给加拿大的公务员点个赞！

10月10日

早就听说三文鱼洄游是温哥华必看的项目，"惊心动魄，壮丽凄美"，用这些词来形容毫不为过。带着期盼已久的心情，我们走进了威化溪的繁育中心。

北美的内陆河流、湖泊是三文鱼（Salmon，又称鲑鱼、大马哈鱼）的故乡，原本出生在 BC 省内陆溪水中的三文鱼，孵化后沿着河道游入大海，在经历了 2-3 年的大海游历之后，深秋季节，成群的三文鱼会从浩瀚的太平洋游回到温哥华的菲莎河口（Fraser River），从这里溯流而上，越过急流险滩，最后到达内陆几百公里的上游支流，历尽艰辛繁衍完自己的下一代，在这里默默地走向生命的终点。这一带的山区有不少湖泊、河流和小溪，水流湍急而清澈，河床和溪谷里布满卵石和沙砾，非常适合三文鱼繁殖、生长。

BC 省早在 1885 年就已经开始采取保护三文鱼的措施，20 世纪初期，三

贪吃的小胖子

文鱼数量非常庞大，但进入 60 年代，由于降水量过多加上林木砍伐过度，导致山区洪水泛滥，破坏了威化溪的河道，使得三文鱼繁殖数量急剧下降。为了给三文鱼提供一个理想的产卵场地，1965 年，BC 省在威化溪上游，修建了一个近三公里长的繁殖水道，这条类似天然的水道，有效地解决了传统孵化场中幼鱼存活率低的问题。

在洄游过程中，三文鱼从进入河口之后就不再进食，鱼身开始渐渐变成鲜艳的红色。所以，我们站在水道闸门处，看到的是一片鲜红——密集的鱼群一次又一次地向水道的闸门发起冲刺，有侥幸跳上去，又被激流冲下再来的；有屡次起跳高度不够，仍不知疲倦拼搏的。水花飞溅的声音，鱼的身体种种拍打闸门的声音，声声令人心颤，模糊了我的视线，那红色仿佛也化作鲜血，让我瞬间联想起"杜鹃啼血猿哀鸣"的悲壮。原来，自然界"优胜劣汰"的法则在这里也得以淋漓尽致地体现——只有强者才能享受到繁殖水道的宁静——这也是一种甄选品种、限制数量、保持生态平衡的方法吧。

强者最终进入产卵水道，开始了生命阶段最后的冲刺，它们结对散开，在水道中各自寻找合适的产卵场地。水道中水流湍急，每隔一段都设有一段阶梯，三文鱼要想争取上游的位置，必须奋力跳起、跃过。

水道中的水面极浅，但成年三文鱼都有近半米长，有些地段鱼儿必须奋力冲刺才能通过，整个身体都会暴露在外面，你不得不惊叹它们身上折射出的旺盛生命力。这些三文鱼已经几十天没有进食，而且又在激流中逆流而上近百公里，为了繁衍下一代不惜拼尽全部体力，常常可以看到大块皮肤破损、嘴角缺失的个体——难道不悲壮吗？

每一对三文鱼都会寻找一块自己的领地，母三文鱼用鱼尾拨开石砾，产下鱼卵，雄鱼受精后，与母鱼一起再用石块覆盖，如此这般多次，直至产完全部鱼卵。在完成了产卵任务后，三文鱼的生命就走到了终点，水道里随处可见这样成对死去的殉难伴侣，场面令人震撼，每天工作人员都要将死去的无数三文鱼捞起，送到山谷中埋葬。

被石砾覆盖的三文鱼卵经过漫长的秋季、冬季，春天来临，幼鱼孵化，长大之后从石缝中游出，3-5月间离开产卵水道进入威化溪，然后逆流而上进入哈里森湖（Harrison Lake），它们在这个湖中停留一年，长出漂亮的银色鳞片，第二年春天开始游向大海，开始两年半的大海巡游。

历史上，为了抗议美国渔民的滥捕行为，BC省曾经发动一百多艘渔船包围美国华盛顿州的渔港，迫使美国签订限捕协议。近年来由于良好的保护设施和严格的捕捞限制，BC省三文鱼种群数量大增。加拿大人做事有时非常固执，美国人也只好低头接受。加拿大人的固执不仅保护了这些三文鱼，也为人类了解这些自然

摸到了奄奄一息的三文鱼

奇迹提供了机会——进入 10 月份以后，威化溪的三文鱼保护区涌入大量游客，得以一睹这一壮观而不乏惨烈的场面。

大自然的奇妙不可思议：这些出生在威化溪中的三文鱼，成长后从这里出发游入大海，在接下去的 2-3 年中，跨过浩瀚的太平洋到达日本沿岸，最终又返回到自己的出生地，在繁殖完下一代后，最后葬身在这个峡谷之中。它们是如何记住自己的出生地的？又是经历了怎样的艰险才回到故乡的？这仍然是个谜，吸引着人们去探索。

看完三文鱼洄游，心情久久难以平复，游览车把我们带到了哈里森。风景秀丽的哈里森湖和哈里森温泉同样颇负盛名。湖面一望无际，浩瀚如海，四周的山峰层峦叠嶂。夏季，哈里森湖适合游泳、泛舟等多种水上运动，在船坞可租到各种类型的船只、快艇以畅游湖上。只是现在已至仲秋，漫步湖边，风景独好，但寒意袭来，意兴阑珊，水上运动还是算了吧。

好在仲秋是收获季节，女儿对接下来的采摘活动充满了期待。夏秋时节的加拿大人可以享受各种采摘乐趣：7 月摘草莓，8 月采蓝莓和黑莓，9 月挖土豆、瓣玉米，10 月收获苹果、梨和南瓜。不用自己汗如雨下当农夫，也能享受那份大自然的田园情趣，体验丰收的喜悦。我们今天的最后一站就是苹果园。摘苹果用的塑料袋有两种，大的 $11，小的 $7。我们选好袋子，付了钱，走进弥漫着苹果芳香的果园。和超市里经过打蜡处理的苹果相比，果园里的苹果看起来没有那么亮、那么诱人，但香气绝对醇厚。果园里游人众多，一会儿就很难发现成熟的果实了，伸手可以触及的枝头，果实青涩者居多。父女俩忽发奇想，玩起了"叠罗汉"，女儿骑在爸爸的肩上，现在只有姚明可以和他们竞争红彤彤的成熟果实了。不一会儿，袋子就撑得再也装不下了，名副其实的满载而归。

10 月 11 日

维多利亚（Victoria）是 BC 省的省府所在地，位于温哥华岛的最南端，与温哥华市隔海相望，需要坐轮渡才能到达。坐轮渡，本身就是一次奇妙的体

与白马"一见钟情"

验。那么多的车,排队在码头等候上船。是的,我没有乱说,是车排队上船,我简直难以相信如长龙般的车,竟然一一进入渡船的"腹中",被一起带到了海的对岸。

渡船很大,有3层,设施完备。底层是停车场,船上商店、咖啡厅、快餐厅、放映室、游戏机等应有尽有。船平稳行驶在乔治亚海峡(Strait of Georgia),游弋在海岛之间,沿途风光秀丽,十分迷人。老天爷已经够给面子,没有下雨,尽管甲板上风很大,我们欣赏美景,做各种造型拍照,仍然玩得不亦乐乎。1小时40分钟后,到达码头。

维多利亚市秀美宁静精致,素有"花园城市"之称,以英国女王维多利亚的名字命名,因受到传统英式生活影响,在维多利亚仿佛置身于欧洲。海边的观光马车吸引了Mina的注意力,我们正忙着照相,她就已经凑上去和那匹白马耳鬓厮磨了。刚开始,着实吓了我一跳,怪她鲁莽,怕高头大马伤了她,可白马只低着头,任她轻抚——真不由得感叹:小姑娘总是有这种魔力,让所有和她接触的动物都俯首帖耳,不服不行。

此行最大的亮点是享有"世界最美花园"之誉的布查特花园(Butchart

Gardens），占地达 30 亩，共分为新境花园、意大利花园、日本花园和玫瑰花园四部分，来此的游客无不为其奇妙的构思、巧妙的设计与奇异的花卉而赞叹不已。公园始建于 1904 年，已有一百多年的历史。当时的女主人布查特夫人只是想着手美化一座曾经为她丈夫的水泥厂提供原料的废弃石灰石矿坑，从最初栽种的几株豌豆花和玫瑰开始，演变成今天的让游客驻足的必看景点。布查特家族对园艺和观光接待的投入已经超过一个世纪，经过几代人的辛勤努力，这里已经成为世界著名的花园，每年吸引着来自世界各地的 50 多万游客。2004 年，布查特花园被评为"加拿大国家历史遗址"。徜徉于花丛中，我感叹加拿大人对时间、对自然的敬意。

加拿大还有一项世界之最：横贯加拿大东西部的 1 号高速公路东起大西洋边纽芬兰省的圣约翰市，西至太平洋岸边的维多利亚港，是全世界最长的国家级高速公路，全长 7775 公里。在 1 号公路的东西起点，各有一座"零公里"标志，这两个零公里标志都是木结构。来到维多利亚的"零公里"标志，似乎来到了加拿大的"天涯海角"。

不远处是泰瑞·福克斯（Terry Fox，全名为 Terrance Stanley Fox，1958 年 7 月 28 日—1981 年 6 月 28 日）的铜像。泰瑞·福克斯是一位加拿大运动员，"希望马拉松"的发起人。他出生于加拿大马尼托巴省的温尼伯市，后随父母迁居不列颠哥伦比亚省居住。18 岁的时候罹患骨癌，右腿做了截肢手术。在医院接受治疗的时候，因为看到患癌症的儿童所受的痛苦，决心为癌症的治疗和研究筹集资金。1980 年 4 月 12 日，泰瑞·福克斯在纽芬兰省的圣约翰市将他的假腿在大西洋中浸了一下水，然后开始了他的长跑。他原本的计划是横跨加拿大，跑遍十个省，最终到达不列颠哥伦比亚省，将他的假腿再浸一下太平洋的海水。但 9 月 1 日，当他跑到安大略省雷湾（Thunder Bay）附近的时候，因为癌症扩散，被迫退出。他实际跑了 143 天，5300 多公里，平均每天 40 公里左右，大约相当于一个全程马拉松。1981 年 6 月 28 日，Terry 不幸去世，年仅 23 岁。在长跑历程中，他经历了强劲的风、冰冷的雨、刺骨的寒、酷暑的热，但是他并不孤单，难以计数的加拿大人在沿途给他送去了温暖和鼓励，陪伴他战胜了一个又一个难关。他的行动唤起了世界人民对癌症病人的关注，他的勇气和决心鼓舞着人们为抗击癌症而努力。Terry fox 被加拿大人民尊为民族英雄。

维多利亚还有很多值得一游的景点，一日游只能是走马观花了。

10 月 13 日

又下雨了，正考虑如何打发这恼人的雨天，房东问我们要不要去本拿比的丽晶广场。这个购物中心以华人为主要消费群，服装鞋帽、生活用品、新鲜蔬果、各地小吃，应有尽有，我们决定去看看。在熙熙攘攘的人群中，我们家的薛大厨找到了在国内逛街的感觉：偌大的购物中心没有一个西方人面孔，充斥耳中的居然还有方言，买到了地道的四川调料，本地的大海蟹，准备烹出一道香辣蟹以解思乡之情。

在云南米粉店帮厨

房东在二楼开了一家云南米粉店，闲不住的二货父女俩吵吵着要到后厨帮忙，洗碗，观摩大厨如何制作颇具特色的云南米粉，点餐收银，为顾客上菜，很是忙了一阵子。过了午饭时间，我们品尝完米粉，薛大厨就催着回家——这吃货，惦记着回家做香辣蟹呢。

10月15日

明天就要回国了，先生似乎已经把我们这次居住的Richmond市作为未来定居的地方了，在这里他可以完全按照中国人的生活习惯生活着，但同时却享有西方世界的诸般发达、方便和自由自在。英文新闻电视可以不看，一个iTalk BB即可搞定中文电视及网络电话。这里有加拿大全套的现代化享受，却没有离开中国所带来的陌生感。世界上恐怕找不到任何一座中国之外的城市，能有温哥华这么方便，这么安全，这么 feel at home（像家的感觉）。

一家三口沿着菲莎河散步，不断有人奔跑，或骑行通过。路遇一只小鼹鼠，慢腾腾地在步道上挪动，那柔弱的小身板，让人不由得为它捏了把汗。它可不急，也许它知道，周围是最热爱大自然的加拿大人——果不其然，经过的跑步者、骑行者，停下来，或会心一笑，

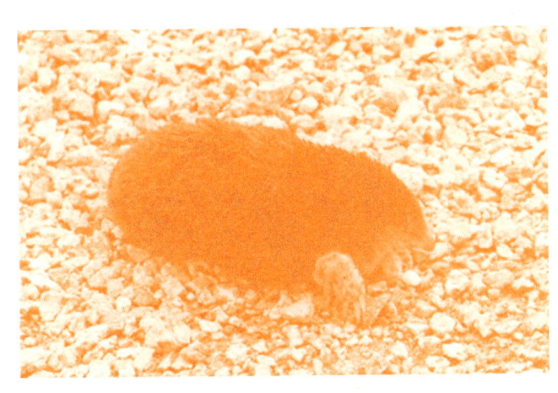

捷克动画片《鼹鼠的故事》，属于一代人的回忆

或拍照留念，绝不惊扰这小生命——人与自然如此和谐相处。

10月16日

10天的温哥华之旅完美结束，尚有很多迷人之所未至，但我们不遗

憾——因为大家心照不宣,我们已经决定把家安在这里。

没想到机场也给了我们意外之喜,一只高大威猛的灰熊标本对 Mina 敞开怀抱,颇具印第安特色的木雕彰显了原住民特色,水族箱里优雅前行的海洋生物昭示了这是一个面山背海的城市。

暂别了,温哥华。我们很快会回来。

温哥华机场的大黑熊

此行,女儿也写了一篇日记——《枫叶之国的秋叶》,当时她就读四年级:

我去加拿大的时候,正好是金色的秋天。一出门,街道两旁就是一棵棵枫树,抬头往上看,就看见了一片红色、黄色和绿色组成的天。细细地看,哇!有无数只小手在向我们招手哩!仿佛在说:"欢迎来到枫叶之国!"加拿大又称"枫叶之国",是因为这里的水土很适合枫树成长,遍地都是枫树。枫树作用很大,可以制成枫糖和枫浆,加拿大人就把它作为国宝,国旗上也有枫叶。

下雨时，枫叶格外地红，被雨点拍下来的小手，慢慢悠悠地飘落到地上。我顺手捡起一片枫叶。回到住处，我细细端详着那片枫叶。枫叶很漂亮，一张红色的小手上镶嵌着五条淡黄色的主叶脉。主叶脉旁边有好多淡淡的叶脉，叶子下面，叶柄很粗壮，好像一个小榔头。但美中不足的是，最高的中指那儿长了一个小黑点，好像一个美人的脸上长了一颗小黑痣。有一个角还缺了一点，旁边的一个角已经有点儿枯黄了。叶子的边缘上长满了锯齿，好像它特别弱小，毫无抵抗能力，一点儿也保护不了自己，就只好长了好多细小的锯齿，但那些锯齿一点儿也不刺手。

　　下一次我们一定要去加拿大的东部，见识那里最有名的"枫叶大道"。

片片枫叶情

三、首次入境加拿大的温馨提示

◎初至异国，新鲜和兴奋并不是全部。

> 首次入境加拿大，须带好护照与移民纸，及定居后简单的生活必需品。电器、名牌服装、护肤品、化妆品最好不带，因为加拿大更便宜；可带些必备药品和随身换洗衣物，以备不时之需。行李莫超重，机票提前订。事先熟悉入境流程，做到心中有数；提前了解目的地的风土人情，莫忘带上一颗轻松愉悦的心。

（一）加拿大入境注意事项

1. 温哥华机场在夏季通常比较繁忙，正是移民登陆的高峰时刻，办理移民入境手续要准备等候两个小时以上，中转到加拿大其他城市的空余时间要预留 2-3 个小时。

2. 加拿大海关对入境携带的资金（现金、支票和银行转账单等）没有限额，但大笔（多于 1 万美元）的现金需要报关。在加拿大的银行存钱时，大额（5000 元以上）存款需要资金来源证明。

3. 如果向移民官说自己带了很少的钱，移民官可能拒绝你入境，认为生活费用不够，没有办法在加拿大生活。

4. 在加拿大入境时无须证明已接种了疫苗，但最好带上疫苗接种证或病例；需要提供孩子的疫苗接种证以证明他们的免疫情况，相关文件在教育局为孩子报名注册时需要。

5. 把携带的私人物品列一张清单，再列一张分开托运（通过邮寄、航空、海运）稍后到达的行李清单。只要能够证明这些是私人拥有和使用的物品（不用于盈利），就可免税携带入境。如果有物品没有报关，就需付关税。宠物、汽车或珠宝等入关物品有详细规定。

6. 限制携带的物品：不准携带新鲜食品及肉类制品；禁止携带具有未授权而翻印的各种书刊、音响制品、计算机软件等。

7. 所有加拿大居民出国返回加拿大，所有物品需要海关检查及征收关税。烟草及酒精产品除外，离境 24 小时或以上的，个人免税额为 50 元；离境 48 小时或以上的，个人免税额为 200 元；离境 7 天或以上的，个人免税额为 500 元。凡 19 岁或以上的旅客，最多可携带 200 只（1 条）香烟、50 只雪茄、1.14 公升葡萄酒或烈性酒或者 8.5 公升啤酒。

（二）关于订家庭旅馆、接机

家庭旅馆一定要早订，因为在旺季很可能全部客满。

我在网上搜索家庭旅馆的信息，一家三口的房间 30-60 元 / 天，我心目中理想的是交通方便的地方，最好是离天车站比较近。正反复权衡中，先生的哥哥给了我们一个网址，说是他同学的叔叔开的家庭旅馆。我给他发了 E-mail，很快房东就回复了，询问了我的手机号码，后来一直是他打电话跟我们联系的。他很有耐心，考虑问题很周全，包括枫叶卡的邮寄地址这些问题他都帮我考虑到了，非常感动。所以后来我们正式定居的前三个月，也是在他的家庭旅馆居住的。

能够打电话，亲自和旅馆房东交谈是最好的，因为通过交谈，可以了解房东性格如何，是否耐心。如果家庭旅馆没有 400 免费电话，可以买一张 Skype 国际长途卡，用 Skype 聊天软件，用来联系家庭旅馆，以便比较。

如果需要接机，一般家庭旅馆都可以提供此项服务。住的时间短的，需要付费；我们住了 10 天，所以接机和送机都是免费的。

（三）购买旅游保险

曾经听过一个家庭首次入境加拿大的经历：因为没有买保险，入境后因患重病，付了6万加元的治疗费，病愈后，全家对加拿大心灰意冷，黯然返回国内。

因为加拿大的医疗费用非常昂贵，平均每天的住院收费可高达几千元，而且很多加拿大医院对没有省政府医疗计划的人士还会另收附加费，所以若没有购买紧急住院及医疗保险，家庭可能要承受沉重的经济负担。我觉得防患于未然很有必要，尤其是还带着孩子。当然有的人存侥幸心理，认为短短几天，生病或出意外的概率很低，完全没必要花冤枉钱。

我是在国内保险公司的网站上直接购买的一家三口的境外旅行险，每人140元，共缴纳420元。入境11天，一旦发生疾病，每人最高可以享受10万元的保额。

四、出国读书前需做的准备

◎出国，读书，二者的桥梁和目标都是生活。

> "父母之爱子，则为之计深远。"让孩子出国读书便是为孩子深谋远虑的行为。然而，出国读书毕竟不是儿戏，须多做几个计划，多打几个电话，多上相关网站查查，一切从实际出发。

（一）移民家庭要做的准备

做好心理准备。作为技术移民家庭，原来在国内都有不错的事业和收入，到一个陌生环境，一切重新开始，难免有一些畏惧心理，所以心理准备我觉得是首要的。

不打无准备之仗。我们积极参加了加拿大政府提供的 **CIIP**（海外技术移民就业协助项目），在上海接受过培训；提前在网上搜索相关信息，加拿大移民手册这些材料也从网上下载看过。对于怎么过海关、怎么过移民局的流程都烂熟于心。去到后需要申请些什么证件，应该怎么生活，需要注意些什么，都有了大概的了解。

吃苦，也是风景。出国之前，很多人有不切实际的幻想，结果到了国外，幻想破灭，落差很大，难以适应。所以出国前一定要做好吃苦的准备。

第一年生活在国外，文化背景不同，生活习惯不同，工作难找，处处举步维艰。所以,出国前,尽量把出国可能遇到的困难都设想一下,做好充分的心理准备。前辈总结出来的"第一年大苦,第二年小苦,第三年不苦",的确是经验之谈。

万事俱备,莫忘证件。除了心理准备外,出国前就是要带好必要的证件和资料了。除了身份证、驾驶证、毕业证、护照、移民纸等外,我主要带了大学及研究生的成绩单等。能带公证件最好,不过没有也没关系,拿到这边来也能做公证(因为国内的证件都是中文的,所以需要公证机构翻译成英文,在加拿大公证的费用比较高)。到加拿大如需要再上学的话,就需要以前的毕业证书及成绩单。另外就是保险公司的安全驾驶记录,符合 ICBC(Insurance Corporation of British Columbia 英属哥伦比亚保险公司)要求的,经审查合格,在加拿大买车时保险费可以享受最高 40% 的优惠。

孩子申请上学的文件包括:

孩子的出生证明公证、父母和孩子的护照原件、移民纸原件、学校成绩单(小学生须提供最近两年的成绩单;中学生须提供 13 岁或初中一年级以后的所有成绩单)以及防疫针注射纪录。

接下来的问题是,怎样将钱带到加拿大来?

随身带足生活费,其余找中国银行开成汇票。一个家庭过来的话,按要求应该带足 1.4 万加币。去中国银行将人民币兑换成加币,每个人每年最多能兑换 5 万美金,开成汇票,随身携带,到了加拿大银行解付,大概需要一周。随身携带的现金,一人不能超过 5000 加币。

为孩子精心准备教材。出国前,女儿的英语成绩在班级里名列前茅;出国后,首先会接受英语水平的测试,决定 ESL 的级别。我没有专门给她强化突击,一方面我觉得测出实际水平,有利于她在相应的级别学习提高;另一方面,当时工作很忙,出国前的事情繁杂,我确实也没有时间。我准备了两本美国的英文教材,一本是 Phonics(语音),一本是 Reading(阅读),要求她每天做两页。做完后,自己核对答案充分相信孩子,同时培养了她的自觉、自律。她对阅读教材的使用没有什么问题，在字典的帮助下，每天的词汇量、阅读理解能力都在提高。中国的英语教学，在发音的部分采用的是音标教学，优势是，学生学会后，只要看到音标，就能正确地读出单词。而以英语为母语的国家，采用的是语音教学法，元音的发音规律，字母组合的发音规律等，优势是，学生掌握规律后，只要看到单词，就可以基本正确地读出来，此外，在单词的拼写方面，利用语音法，拼写的正确率会大大提高。两种方式都有各自的优势，所以我希望女儿能自如地运用。

（二）独自出国的小留学生要做的准备

现在，独自出国留学的孩子越来越多，年龄也越来越小。到了国外，地理环境、人文环境都发生了很大变化，孩子身上已经养成的文化习惯、生活习惯都面临调整和改变。除了要适应这些改变之外，孩子还要承担全新的课业和学习任务，尤其要过语言关。在多重压力面前，孩子们普遍会有6个月左右的困难期，少部分孩子会出现适应不良，有的甚至退学回国。为了快速适应留学生活，出国前一定要充分做好以下几个方面的准备。

1. 心理准备

做为家长，决定让孩子出国，可以说心理上是有准备的，能够接受孩子离开家，离开自己身边，到国外学习这个现状，但是，这并不意味着家长的心里就准备好了。

孩子即将远行，作为家长，您真的准备好了吗？

这里有一个重要的考量方法。

从家长的角度看，与孩子的情感剥离是否到位；从孩子的角度，也有同样这个问题，即孩子与家长的情感剥离和孩子情感的独立性是否到位。

对于孩子而言，还有一个考量指标就是对出国的态度，是自己愿意出国，还是顺从家长的意见，抑或被家长强迫出国？

最理想的状态是：家长在很清楚孩子出国后自己将面临的各种担心、牵挂的情况下，也依然期待孩子能出国；孩子在很清楚自己将面临的所有困难的情况下，依然很期待出国。在孩子出国期间，担心、牵挂和思念可以有，但绝对不焦虑、不恐惧、不胡思乱想。

2. 物质准备

俗话说："穷家富路。"联系学校的时候，家长已经了解了当地的学费和生活消费水平，准备充足的学费、生活费、监护费之外，还要了解各种可能的支出项目，比如各种游览、交通、就医、课外活动等，给孩子充足的零花钱之外，还要有一些备用金。通信方式在出国前就要熟练使用，手机、电脑要好用，建立好视频、音频之间的连接程序，家长和孩子都能得心应手，根据时差，双方要约定出国后的联系时间。再就是与当地气候相适应的衣着及习惯，比如，温哥华冬天气温基本在零度以上，不需要厚的羽绒服；有很长的雨季，防雨的服装，比如说冲锋衣就是很好的选择。总之，家长要仔细梳理孩子的生活需要，不要等孩子出国后再自责和遗憾。

3. 学业准备

很多家长认为，孩子出国前就是一个语言的问题，主要精力都放在语言的学习上。但是，孩子在国外学习上的适应远不是学习语言能够解决的。针对国外课程的适应性学习更为重要，这是孩子在国外前6个月能否顺利适应的重要条件。很多孩子的挫折感都是来自连续几天课堂上听不懂老师在说什么，主要原因除了语言应用上的欠缺外，还有一点，就是国外课程设置和教学模式上的差别。预先了解国外的课程体系，进行相应词汇的补充，尤其是学科词汇的补充，是非常有必要的，比如数学、科学方面的。国外在学习过程中，会大量借助电子媒体，所以熟练地使用这些工具，有利于孩子尽快地适应。

4. 生活技能准备

由于教育理念、国情的不同，国内独生子女多，加上课业负担重，家长没有关注生活技能的培养，中、小学生会做家务的寥寥无几。在出国前，家长要用几个月的时间，帮助孩子掌握必要的生活技能：洗衣做饭、整理房间、保管财物、理财记账、增减衣物等。家长要注意循序渐进，耐心辅导，坚持不懈，孩子在这个过程中会越来越有成就感。另外，要给孩子独立在家、独立决策的机会。

5. 信息准备

在孩子出国前，全家人都要熟知这个国家和城市的基本情况，家庭成员言谈之间要有意加入这个国家的新闻、天气等话题。家长要了解学校的放假时间、周末和各种假日的安排，确定每一个假期、假期的每一天，孩子是回国，还是在监护人处。孩子学校附近的火车站、公交设施的远近等信息，家长还要了解安全、经济的汇款方式，还要找到中国大使馆、留学生机构的电话，常用的重要网站，比如购物网站、学校的网站、当地城市的生活网站等，收藏在家长和孩子的电脑中，随时浏览查看。最为重要的事情是，家长要搞清楚孩子到国外的当天、今后一周以及一个月内必须办理的事项有哪些？比如：银行卡、警察局登记、学校注册等重要事项及其先后顺序，要在网站上进行查询，打印出来，一条一条落实，并让孩子熟悉这些要求。

6. 行前准备

这个阶段主要是查漏补缺。孩子随身带的小包内装好护照、体检表、手机、国外接机人的电话、飞机上的用品等，给孩子讲一些过海关的手续和常识，包括必须填写的一些表格等。

当然，这些准备只是一些基本的方面。家长要根据具体国家、具体城市和学校，结合孩子自己的特点，做些切合实际的准备。准备工作的遗憾越少，孩子在外的适应越好！

参考清单

（一）手提行李物品

1. 基本随身物品

护照/签证、学校正式入学通知书、体检证明（《国际旅行健康证明书》和《国际预防接种证书》）、机票、免冠照片（20张以上）、学校、**IELTS** 或托福的成绩单原件、驾驶执照、出生公证、学历公证，以上所有重要文件的复印件（要和原件分开放）、以前的申请文件的 COPY、现金（其中准备 10 加币左右的硬币，以备打紧急电话之用。另预备 100 加元左右随身携带）。

2. 其他随身物品

手机、笔记本电脑、笔和记事本（出入境时要用）、雨伞或者雨衣、其他日用品。如有晕车晕机历史的，携带晕机药。

（二）托运行李物品

日常生活类

鞋；袜子；内衣；拖鞋（塑料和棉的各一双）；针线盒；梳子；毛巾和牙刷、牙膏；保温杯；指夹剪；饭盒；筷子、勺子；床单、被套、枕套和枕头；衣架；冲锋衣；多功能瑞士军刀。

电器类

三转二插头（2～3个）；拖线板（2个）；笔记本电脑；照相机；闹钟。

眼镜类

近视眼镜（1副）；隐形眼镜（2副）；太阳镜1副。

药品类

感冒类药；退烧类药；螺旋霉素；皮炎平；云南白药；清凉油；风油精；西瓜霜喷剂；抗菌素；咳嗽药水；胃药；止痛类药；跌打损伤类药。您若有其他常规补药，也可适量带上，但千万不要带中草药（可带中成药），免得进海关麻烦。抗菌素或其他特效药量多时，最好附上医生的诊断书以做说明。

书籍

加拿大的书比较贵，不过因为图书馆丰富的藏书，中文和英文都有，弥补了缺憾。可以带工具书，比如英文字典、汉语词典等。

文具类

签字笔、签字笔芯、自动铅笔、笔芯；透明胶、固体胶；剪刀；订书机；便签条；涂改带等。

这些东西的价格比国内贵，品种也不是很丰富，可以让孩子选择在国内多买一些，带到加拿大。

衣服类

正装；厚、薄毛衣；长、短袖 T 恤；牛仔裤、西裤、休闲裤、运动衣裤、游泳裤、夏穿短裤；冲锋衣；羽绒服；领带；皮带；长、短袖衬衫；冬季手套等。

礼品类

外国人送礼品讲究的是"礼轻情意重"，礼品无需贵重，凡带有鲜明中国特色的，诸如剪纸、刺绣、茶叶、中国邮票都可以。

CD 可以拿一些中国传统乐器的，比如琵琶、二胡演奏的音乐，很受外国人喜欢。我们带了中国的剪纸，在圣诞节的时候，女儿送给教会 Sunday School 的西方人老师，老师特别喜欢。

小结：

以上清单中的物品，可酌情增减，比如衣物，满足最初一个月的需求即可，加拿大的衣物比国内便宜，尤其是休闲运动类品牌。

异国，未必都是他乡

新的生活与学习环境，给人的绝不仅是新奇与兴奋，更有疏离与压力。民族文化的迥然，风土人情的陌生，人际关系的未知……一切都需自己割断心灵的脐带，从零起步，蹒跚而前。迅速地调整自己，快速融入这一片"混沌"之中，尽力从陌生中提炼熟悉，积累经验，刻不容缓。汲取崭新的教育理念，适应新的学习氛围，将在国内的习惯暂时收藏在心灵的角落，改变的阵痛中蓄积前行的力量，是每一个初至国外的家庭或独自求学的游子必须不遗余力去做的。

找房子的急切、融入人群的迫切、抖落略带审视的眼光的潇洒、对新知的渴求、生活的召唤……是压力也是动力，是过程也是方向，是烦琐也是指引，是疲累也是成就。一切都是未知，一切又充满魅力，滴水藏海，都值得经历，珍藏。

一、教育理念

◎目标瞄准月亮,即使错过了,你也总可落到星星上。

> 家庭教育六大理念:人性教育比智力教育更重要,性格才真正决定命运;爱孩子的前提是尊重孩子,家长要了解儿童的基本权利有哪些;改变孩子家长须先行改变自己;人的心理发展有顺序性,未成年人的心理问题滞后反应;未成年人是被动的弱者,他的弱小和被动都决定他的一切是成人造成的,家庭抚养不仅仅是物质的,更重要的是心理抚养。

(一)鼓励孩子从小树立上名牌大学的志向

可能有人会问我:"既然你不支持应试教育,为什么要鼓励孩子从小树立上名牌大学的志向?"教育的成功不是以孩子是否进入名牌大学为标准,但作为家长,作为老师,我会尽力鼓励孩子,在小时候就树立上名校的志向,并帮助那些想上名校的孩子实现梦想。

首先,名校的录取条件比一般大学高,要求孩子为考上名校需做出长期努力,从而提高自身的各项能力。其次,名校学生的素质相对比较高。如果孩子上了名校,就意味着他的同学都是较高素质的同龄人。同学之间互相学习,共同进步,所以各方面的能力会有较快的提高。除此之外,名校有较丰富的人力和物力资源。孩子进了名校后,有较多机会接触不同领域的成功人士,学习不同的人生经验，结识成功的校友。

有意引导孩子把上名校作为一个长期目标，让孩子在小学或中学阶段就为能达到这个目标而做出不断努力，最终让孩子在学业上、行为上和课外活动各种能力上都能达到名校的要求。

当然，每个孩子都有自己独特的个性和想法，每个孩子都有权利在与自己有关的大事上参与选择和决定。如果经过深思熟虑后，孩子确实不想上父母心目中的名校，而是选择最适合自己的大学，父母也应该理解，并全力支持。

女儿还在国内上四年级的时候，我就从图书馆借了《留学加拿大》这本书给她看，特别提示她对比了多伦多大学和UBC（哥伦比亚大学）。她在认真阅读、仔细比较之后，更多的是从直观的感受——校园环境上得出结论：她觉得UBC更好，如果为将来选择大学，她选择UBC。

这仅仅是一个四年级的孩子最初的想法，谁会知道她的目标未来可能发生什么样的改变？至少在她幼小的心灵中已种下一颗种子，为名校不断努力的种子。

（二）不同的教育方法适合不同的孩子

中国的优良传统之一就是重视孩子的教育，不同的教育理念造就了不同类型的家长：一类是"专制"型家长，被称为"虎妈""狼爸"，他们主张采用严格训练和强制手段来教育孩子，认为只有严格训练才能培养孩子的能力，最终使孩子进入名校；另一类是"放养"型家长，他们觉得不应该管孩子，要给孩子充分的自由，孩子自然会进名校。此外，还有"猫爸""羊爸"等类型的家长，关于孩子的教育理念更是众说纷纭。

其实，每一个孩子都是一个独特的个体，能力和水平不同，性格和气质各异，教育的方法自然不能一概而论。

大约有 5% 到 10% 的孩子是特别优秀的。他们的自主能力很强，学习能力也很强。不管他们在什么地方，不管条件有多艰苦，都会努力奋斗，成就卓越。"放养"型的教育方式可能特别适合这一类特别优秀的孩子。

还有 5% 到 10% 的孩子是相对难教的，他们经常被贴上"屡教不改"的标签：父母和老师的苦心教育，换来的往往是他们的不配合，甚至反抗。如果用"专制"型的教育方法，硬碰硬，结果只能是两败俱伤。相反，"快乐"型的教育方式可能适合他们"反叛"的性格。

大部分孩子，80% 到 90% 是可塑性很强的，他们愿意配合父母和老师的教育。对他们来说，教育的作用是巨大的。教育好了，是人才；没教好，成为庸才，甚至沦为家庭和社会的负担。

在我自己的成长过程中，有一件事情对我现在的教育理念影响很大：从小到大，父母对我的教育主要是放养型的，很多决定都是我自己做出的。小学四年级，我想学小提琴，就提出申请加入了学校的小提琴课外小组。每周上一次晚课，天天要回家练习，到了表演前夕，还要晚上加课训练。小提琴的音准比较难把握，所以学了一年多，用我自己的话来说"像在锯木头"，我的热情渐渐淡了，后来还出现了逃课去玩的现象。到了五年级结束时，我对父母说，自己不想学了。记得我妈没有多问我原因，也没有责备我，竟然同意了，从此我与小提琴就分道扬镳了。成年后，我很后悔，没有坚持学习小提琴，人生少了很多乐趣。我问过我妈，为什么不阻止我的放弃，她说是想给我充分的自由，而尚在小学五年级的我，真能做出正确的选择吗？

孩子的内心都有追求幸福、成功的愿望，同时也有趋乐避苦的本能。为了体验成功的喜悦，孩子愿意遵从成人的教导而努力学习，但为了获得短期的悠闲和享乐，他们也会懒惰怕苦，逃避困难和责任。所以，在孩子的成长过程中，一定要有家长的引导和支持。如果当初，我妈能引导我不要放弃学习小提琴，我的人生会多一份色彩，所以，我在教育女儿的时候，一直避免给予过度的自由。

家有琴童，回忆起学琴的岁月，感慨良多：

Mina 从 1 岁起就接受奥尔夫音乐教育，因为觉得无锡的老师不专业，我这个"非音乐专业"的妈妈，出于兴趣，还自费到北京学习。那段学习的经历对我震动很大，让我认识到优秀老师和普通老师的区别，在空旷的大教室里，几个声部的和声，犹如天籁之音；用最简单的工具，也可以创造出美的音乐和节奏。我每天坚持和女儿一起哼唱，一起"创作"，她的节奏感和模仿力特别强。看了不少音乐教育的书，我开始考虑让她几岁开始学琴，考虑到肌肉发育、敏感期等诸多因素，我们在她 5 岁的时候买了钢琴，她正式开始了"琴童"生涯，这一练就是 7 年。因为生活的城市发生了数次改变，钢琴老师也经历了多位，对于老师的选择，我很慎重，甄别他（她）的专业素养以及对教育的热情。艺术本身是没有统一标准的，接触了不同的老师，不同的教育方法，我觉得对女儿艺术表现力的养成也是有益的。这 7 年中，当然有过关于练琴引起的亲子关系的紧张，我一直

和"小白"一起合作四手联弹

都鼓励她:"做一件事就要坚持。"在学琴方面她确实都没有想过放弃,似乎钢琴已成为她生活中的一部分。温哥华的经济虽然不尽如人意,艺术氛围确实首屈一指。生活在艺术之都,我总是"眼观六路,耳听八方",有音乐会绝不放过,尤其是免费的。朋友们经常感叹:"你的生活怎么如此丰富?"因为我和孩子都乐在其中。现在她正努力地学习十级考级的曲子,她说,考完之后,她还要继续学习,努力取得教师级别的证书。

女儿能够坚持学琴,我想,是她感受到了幸福和成功。她学习芭蕾舞的经历,就不是一帆风顺的。从4岁练到10岁,已经可以用脚尖起舞。来到温哥华后,她坚持不再学习芭蕾,我们讨论过多次,她都没有同意,所以暂时搁浅。希望有一天,她能主动提出要学。

综上所述,首先,父母对孩子要有高要求和高期望。心理学上的"皮革马利翁"效应告诉我们:家长的高要求和高期望有助于培养孩子各方面的能力,也有助于提高孩子最自我的要求和期望,从而促进学习的愿望。

其次,父母对孩子要关爱和支持。理解孩子的需求和愿望,为孩子提供必要的引导和支持。同时,有助于培养孩子的爱心,帮助孩子培养健康心态,让孩子保持心理健康,能与别人建立健康的人际关系。

所以,家长和老师要因材施教,不仅教知识,还要教做人,教他们注重健康,承担责任,尊重他人,服务社会。

二、了解加拿大的学校

◎谁配得到上帝的奖励？毫无疑问，只有那些准备好了的人。

> 在加拿大，中国留学生的比例逐年上升，与十年前中国留学生的境况不同，如今的中国留学生的精神面貌已经和发达国家学生没有什么不同。加拿大 SBS 海外学校校长 Shannon Behan 说："最近几十年，中国家庭对教育的关注越来越高，家长对孩子的海外教育投入可以说是不遗余力。"重视孩子的海外教育，了解相关国家或地区教育和学校的现状，因而就显得重要而迫切。

（一）BC 省公立学校体系

根据加拿大"就近入学"的原则，大多数学生都住在距离学校很近的地方，可以走路来回学校和家。在一些行政区，教育局为孩子们提供免费的校车。距离学校 4 公里以上的小学生，距离学校 4.8 公里以上的中学生可以享受到这样的服务。如果当地的交通很发达，已经可以满足孩子上学的需要，教育局就不会再提供这样的服务，例如，温哥华行政区内。

到学校上学的学生需要保持健康的状态，学校非常重视学生的健康情况。在规模大些的学校，通常会有一名护士专门为这个学校服务，每周固定工作数小时。如果孩子身体不适，需要告知驻校护士，也可以通知孩子的老师。在小学和中学期间，会通过注射疫苗来保护学生远离某些疾病。学生可以选择在学校注射，也可以选择在自己的家庭医生那里接受注射。如果需要在学校注射，家长通常会被要求填写一份授权的文件。

确保孩子们的健康方面，饮食健康很重要。学校每天中午会有一个小时的午餐时间。公立学校不提供免费的午餐，但有一些中学提供收费的午餐。通常，学生需要自己带午餐上学。

总体上说，BC省的老师都需要具备4年到5年大学教育的背景，同时得到省政府的认证。通常在小学阶段，孩子们会跟随一名全科老师，整个学年里，学习将会由这名老师全权负责。这个阶段之后，将会由不同老师承担孩子不同科目的教学。

在小学阶段，孩子是不能选择老师的。完成注册后，每个孩子都被分配给一名老师负责；初中有所不同，如果有多名老师教授同一科目，孩子有权选择听某位老师的课。

BC省教育部制定了小学和初中需要教授的课程，称为核心课程。这些课程设置的目的是确保孩子掌握基础知识和技能，包括：

1. 听、说、读、写的能力；
2. 学习、研究、解决问题和健康生活的能力；
3. 对于空间、形状的量度和认知能力；
4. 了解数字体系，并能够应用；
5. 日常生活中涉及的科学知识的认知能力；
6. 知晓作为一个独立的人，在社会中享有的权利和义务；
7. 知晓文化和物质遗产，以及世界遗产。

对比国内小学阶段知识和技能的要求，会发现第6点是最大的亮点。记得女儿有一段时间都在按老师的要求，研究 Human Rights（人权）。作为家长，我在倍感欣慰的同时，也时时感受到，孩子在人权的指导下，要求独立，挑战家长权威的威胁——真是"痛并快乐着"。

到了初中阶段，除了这些核心课程以外，学生会学习一些其他的科目，比如商业技能、缝纫、做饭、机械、木工、电脑技术和法律知识等。

当学生读完12年级必修的科目，符合毕业的有关条件，就可以毕业了，并得到毕业证书。此证书会帮助学生在毕业后找工作，或继续进入学院或者大学学习。

19岁以上的学生是不会被中学接受入学的，他们可以在成人学院里学习，也可以获得毕业证书。那些没有完成中学学业的学生，也可以通过这种方式取得毕业证书。温哥华社区学院提供ESL课程，通过这些课程的学习后，母语不是英语的学生可以继续进入其他课程的学习。

中学毕业后，可以选择进入大学，学院或者特殊的教育机构继续学习，学生需要自己承担教育费用。

1. 大学教育

中学的毕业证和漂亮的成绩单是进入大学的必要条件。通常来说，其他国家毕业的中学生是被加拿大大学接受的。学期一般是9月开始，一个学期有8个月。课程的设置有的在白天，有的在晚上，学生可以选择全职学习，也可以边工作边学习。经过三到五年的学习，完成一个专业的课程要求之后可以获得一个学士学位。如果要获得硕士或博士学位，还要继续学习几年。医学、法

伊丽莎白女王公园的"女王"樱花树

律、牙医和建筑师则需要六到八年的学习才能完成。

2. 学院

学院提供一到二年的职业发展课程，包括应用艺术、商业管理和技术应用，也提供可以被大学认可的学分教育。学院的目标是满足社区的发展要求，主要为那些不能进入大学接受教育的人提供继续学习的机会。有些学院甚至接受那些有很多年没有进过学校、没有高中毕业证的学生就读。

3. 特殊教育机构

与工作相关的技能培训由技术学院和商业学校提供。在BC省，最大的、历史最悠久的当属B.C.I.T（British Columbia Institute of Technology）。这家机构提供两年期的卫生、商业和工程培训。学生可以学习广播、农业、旅游、电脑、护理、环保和健康等方面的内容。高中毕业证不是必需的。

（二）公校与私校之选

众多移民家长，没有登陆温哥华之前就以在中国的惯例开始查学校排名，瞄准几个所谓排名高的学校买房、租房。孩子在上中学前就开始准备Mini学校、考私校、考IB班……在中国，非重点中学的孩子，不要说清华北大，就是一般的重点大学都有挑战；在加拿大，任何中学都可能有孩子进入顶尖名校，这是教育体制问题。普通公校也会有学生被名校录取。例如2014年，温哥华被哈佛大学录取的学生就有不少来自公校。

温哥华的私校主要有：St.George（男校），Crofton House（女校），York House（女校），West Point Grey Academy，Vancouver College（天主教男校），Little Flower（天主教女校），St.John。其中Little Flower和Vancouver College是教会学校，因为受宗教信仰影响，所以，入读这两所学校的华人不多。

温哥华绝大部分有经济实力的家庭会选择私校，比如商人、医生、律师、会计师等职业的家庭，其实，私校公校的老师水平并无多大差异，私校公校的差异主要体现在如下几方面：

1. 入私校需入学考试

SSAT，大概只有直接报名私校幼儿园，或者低年级的无需这个北美统一的 SSAT（Secondary School Admission Test）考试，但小朋友需要面试或做简单的测试。其他年级的学生要从公校考入私校，都得有 SSAT 成绩。最后，还需要面试，才发入学通知书。

2. 私校的排名最靠前

加拿大的公校施行的是 12 年级义务教育体系，一般来说，学校根据家庭的住宅区域和地点来收取学生。近年来，菲沙协会学 MacLean 杂志用评比大学榜的办法给大温地区的中学来个排名表，尽管温哥华校局从来没有承认过这个排名的官方性，但其影响力不容忽视，比如，温哥华《太阳报》每年都会把这个排名表登载出来。无一例外，并立第一的是四所私校（St. George、Crofton、York House、Little Flower），一直到第十名，都被私校占领，直到第十一名，才看到 University Hill Secondary School 的名字。

对于这个排名，我曾一度非常迷惑，作为一个教育工作者，我一直坚信：教和学永远都不是两个分离的过程。我承认部分私校教学质量优于公校，但私校占据前十强的现象，是不符合教育规律的。直到后来，有一个家长告诉我一件事：他的孩子四年级，数学成绩名列前茅，所以老师安排他参加了数学统一测试，英语成绩一般，没有获得参加英语统一考试的资格。也就是说，所有参加排名的学生成绩都是精心挑选的，普通以下的成绩完全被忽略。这应当是私校为获得生源，秘而不宣的"法宝"吧。

3. 私校的竞争激烈

每个家长都想让自己的孩子比别人的孩子好，于是，超前学习、学 AP 的风气甚烈。每个学年的三学期都有考试，情形如同中国大陆的期中考试、期末考试，孩子从小知道分数的重要性。

4. 私校学生以考美国大学为目标

私校的学生大部分人考大学是冲着美国的名校去的。他们的家长有实力送子女上美国大学，所以，学生早早地就做好了心理准备，到了 11 年级时候，备考 SAT 成了必不可少的一个环节。

5. 私校的学费较高

私校的学费一年一万多加元，还有春夏秋冬的校服费，许多的课外活动费用。另外，赞助费是自愿的。

6. 私校的法语教学水平较高

在法语教学方面，私校的同等年级比公校要超出很多。公校考入私校的孩子最头痛的就是法语这门科目，英语、数学都不差，可是，法语就差了很远。因为私校从幼儿园开始就开课，几乎天天有。私校从 8 年级开始，把法语班分为 beginner（初级）/regular（中级）/advanced（高级），每个私校的叫法不一，但大致为三个程度划分，结果就有了"老生、新生"一说。所谓老生，就是从小读私校的，水平比较整齐；新生，就是离开公校半路出家考入私校的孩子，他们个个是踌躇满志，偏偏在法文上摔跟斗，于是被编排到 Beginner（初级）班上，从头来过。

一个求知欲旺盛、好学好胜好强的孩子，不管是在公校还是私校，都会表现出众。有些孩子特别容易受朋友影响，所以，华人家长煞费苦心挑选学校，目的也是基于中国古训"近朱者赤，近墨者黑"，以前"孟母三迁"的故事其实就是"西区名校"的翻版。老师一样，教学质量基本相同，不一样的是学生，还有学生的家庭背景。温哥华西区本身是高尚住宅区，学生出身良好家庭环境的比例就比较高，来自良好家庭教育的孩子就读的学校风气会比较好，青少年犯罪的比例也就比较低。

总之，如果感觉有经济压力的家长，不必勉强送孩子入私校。条条大路通罗马，没有条件去私立学校，家长多费心，也可以弥补不足。那些求知欲旺盛、有着良好学习习惯的学生在公校也一定会有美好未来。

当然，最近持续不断的罢工，严重干扰了学生、家长的生活，很多家长不得不请假在家照顾孩子，所以最近考察私立学校的家庭有所增加，毕竟，私立学校是没有罢工这一问题的。

国外的教会学校招生条件跟其他的普通学校一样，主要看重学生平时的成绩、英语能力、适应能力,而不是宗教信仰。即使学生没有宗教信仰,进入教会学校学习后,也不会被强迫入教,不会被强迫参加教会活动。

不少中国家长、学生选择教会学校,一是看重教会中学的中国学生较少,能拥有很好的英语语言环境。二是教会中学排名靠前,升学率有保证,较易获得教会大学招生官的青睐。教会中学学生有意申请教会大学,也可以通过提供同教派推荐人的推荐信申请,增加自己的申请成功率。三是教会中学校风严谨、管理严格,尤其是留学低龄化的出现,不少家长希望通过教会学校的良好氛围,培养学生的品格,以免学生学坏。教会学校除了对学生学业方面的教育,还对学生的行为举止等方面进行专门的训练,非常重视学生的素养和品德。部分学校开设的教会课,或者在教会举行活动,并不会强迫学生参加。这些教会课程更相当于一个历史课和人文地理课的综合,帮学生从一个侧面了解这个国家的历史。对于想融入当地文化生活的学生,宗教本身就是文化的起源,学习这样的课程,可以对学生了解当地,起到事半功倍的作用。

不过,我从一个妈妈那里听到了不同的声音。她的女儿已经工作,中学上的就是教会学校。她感觉教会学校的学生,没有很强的进取心,毕业的时候,全班20多名学生,只有两名学生考上了大学(其中包括她的女儿),其他同学高中毕业后就工作了。健康善良,生活幸福,这就是加拿大教育的特色。后来她就没安排儿子再上教会学校,儿子中学上的是IB班,毕业后考上了美国名校。我想,这两条路,其实是不同的教育理念,供家长自己思考选择吧。

(三)报名注册的过程

温哥华的学校分公校、私校。公校以居住地为择校标准。学校的费用除了一部分由政府拨款外,还有一部分由当地居民的房地产税支付。居住的房子无论是买的还是租的,只要它属于附近某小学的学区,孩子就有权利在该小学上学。但如果运气不好,可能会碰到名额已满无法立刻入学的情况,教育局会临时安排一间附近的其他学校,等到那所名额已满的学校出现空位后,孩子再转学过去。所以,如果选中一间心仪的小学,你就可以或买或租附近的房子,当然，为避免遇到名额已满的情况，去教育局报名越早越好。

报名程序比较简单。首先要决定在哪个城市居住，每个城市均有自己的教育局，各个教育局规定均不同。父母领孩子到教育局，提交要求的资料，如护照、孩子出生的公证、孩子的免疫证明。出生证明必须要做公证，非常重要，我在国内的时候，没有认真看入学要求，以为国内的出生证明是中英文双语的就符合要求，但是没有被教育局接受，他们要求做公证。我只好在网上查询了律师的信息，当天赶往律师事务所做了公证，第二天再带去报名。在温哥华做公证的费用大约是国内的两倍多。这也充分证明，出国前的准备越充分越好。

因为温哥华市的学校排名靠前，所以有些家长采用购买房屋租约或向朋友借用房屋租约的方法，来上好学校。事实上，很多学校已经开始注意到这个现象了。比如说公校中排名第一的 U-HILL 中学有时会到在校注册用的住址里查看，看学生是否真的在那里居住。一旦发现"假租约"情况，学校会辞退学生，同时影响了中国人在海外的诚信。所以最好还是在选定的学校指定范围内真的租一套房子或者购买房产。

报名之后，教育局的工作人员会马上为孩子预约安排英语测试的时间。家长领着孩子去指定的学校测试英文和中文，包括听力、口语、阅读、写作几方面。测试时间大概有四十分钟，我女儿的测试结果为 ESL 一级。测试结束后，教育局为学校配的校外辅导员会对家长进行一对一的辅导。他着重介绍了孩子如何尽快提高英语，给出了具体的建议，看英文电视、阅读英文书籍、参加社团活动。

整个报名程序简单、快捷、周到、贴心，让人感觉教育局的服务很到位，给我们这些初来乍到的家长留下了极好的印象。

（四）BC 省的国际学生

据 BC 省教育厅公布资料，每年在 BC 各类教育机构就读的国际生达 9.4 万人，占加拿大国际生总数的三成。中国在多项 BC 国际生来源国排名中居于前列，但在私立语言学校国际生排名榜则未入前 5 位。据统计，仅在低陆平原及 BC 西南部地区，国际生为 BC 省的本地生产总值（GDP）贡献 9.5 亿元，同时创造 1.7 万个工作职位。

目前，在 BC 专上院校就读的国际生几大来源国中，中国名列榜首。另外，入读 BC 中小学的国际生来源地排名，依次为韩国、中国、日本、德国。中国学生对就读 BC 私立语言学校的兴趣不大，该项排名前 5 位依次为韩国、日本、巴西、沙特阿拉伯、墨西哥。

此外，为增加 BC 省对国际学生的吸引力，省府在国际教育策略（International Education Strategy）中，制订了一些计划帮助国际生求学及在 BC 就业。例如，通过米塔克斯加速计划拨款 230 万元，帮助卑诗及国际生毕业及获得行业实习机会；通过米塔克斯全球连接计划拨款 70 万元，帮助国际生在 BC 省各大学获得研究实习机会。

2014 年的教师罢工，使秋季开学推迟了 3 个星期。这 3 周里，有的学区上百名国际学生被以领略加拿大本土文化为由，被教育局的工作人员带着在城市周边进行了 3 周的本土游。有学不能上，想转学不给退学费。在国内时经常说不喜欢上课，向往自由的孩子们终于说，我们想上课，不想再玩了。也许这就是这次教师罢工给学生带来的唯一收获：对于学习的渴望。开学后，不少国际学生的家长期待学区根据损失的授课时间，把部分学费退还。可是交学费时签署过的合约上规定：如教师罢工影响授课时间，无法退费。由此可以看出，教育局早已对加拿大历史悠久的教师罢工有准备，国际学生的家长固然感到失望、不满，却也无可奈何。甚至有的留学顾问建议，国际学生选择加拿大的公立学校，尽量选取阿尔伯塔省或者安省的，以避免重蹈覆辙。从政府和教师工会最终达成的协议来看，6 年之内应该相安无事。不过，此事应该给 BC 省政府敲响了警钟——不重视教育的投入，国际学生选择别的省，最终导致经济上受损，算得上是得不偿失吧。

而事实上，很多国际学生在申请大学时，优先考虑阿尔伯塔省或安省，原因是这些地方工作机会比较多，毕业生容易找到工作，进而为移民打下基础。这些都应该是 BC 政府努力改进工作、促进经济发展的动力吧。否则，BC 省就只剩下"风景迷人，气候宜人"的优点了。

三、安居

◎家是梦想起飞的起点和终点。

> 每个人都有对家的渴望,但人们所渴望的家却多种多样,有人寓情于房屋的高大宽敞和其中设施的豪华,可让疲惫的心暂时得以靠岸;有人则渴盼亲人的短暂团聚,温馨而从容。然而,不管家的内涵怎样,它都少不了抚慰精神、安放心灵的功能。物质上的满足固然令人向往,精神上的归属感则更难能可贵。家,是人的灵魂的后花园,有了家,精神便彻底告别漂泊流浪。

"安居才能乐业",当我们在温哥华有了自己的家时,会突然感觉加拿大和中国融为一体,成为我们为之自豪的国家。两个国家的全部优点相得益彰、交相辉映。我们游走于双城两国间,也觉得很心安。

俗语说"不打无准备的仗",买房之前,精确的财务计划、合适的价格区间、恰当的区域定位、良好的居住环境等均需仔细思量。

1. 能负担什么样的住房?

一般来说,购买房屋需向银行借贷部分款项。怎么借?能借多少?利率如何?借多长时间?首先应该到银行贷款部门了解借钱情况,根据自己的收入,看银行能借多少,再加上自己的储蓄,就能确定自己能负担多少钱的住房。

一定要根据自己的家庭实际经济收入能力,选择合适的、可负担的还款计划。

2. 该选择什么地区的住房？

根据自己的工作地点、孩子的学校、购物、交通、社区、环境等等因素，来综合考虑自己将要生活的地区，但同时必须注意，同样的房子在不同的地区，价格有时会相差很远。

3. 你喜欢哪种式样的住房？

买主都有自己买房的目的和用途。不同类型的房子特点不同。有些人买下房子没有时间管理，或不想为房屋管理费心，如冬天扫雪、平时锄草等，可以选择买公寓楼。公寓楼设有物业管理处，房主每月要交纳管理费。楼内还有健身设施，如游泳池、健身房等，使用这些设施不用另交费，全部包含在管理费中。

加拿大的房屋主要有以下种类：

1. 独立屋（detached house）

只有一户人家的房子叫独立屋。独立屋一般有两层和地下室。一层是厨房、客厅和卫生间；二层是卧室、卫生间；洗衣房在地下室；有前、后院。

买独立屋不用交管理费。

2. 半独立屋（semi-detached house）

半独立屋是两户人家连在一起的房子。有两层和地下室，有前、后院。房屋内部结构类似于独立屋，所不同的是，两户人家之间合用一堵墙。

买半独立屋也不用交管理费。

3. 公寓（condo/appartment）

公寓是多层建筑的楼房。每户房间的结构有两种：一层的普通结构和二层的复式结构。复式结构的房子，一层是卧室、厨房、厅和卫生间；二层是卧室、卫生间和洗衣房。

买公寓要交管理费。

4. 排屋（townhouse）

多户人家连在一起的房子叫排屋。有一、二、三层三种结构。最常见的是两层，一层是厨房、客厅和卫生间；二层是卧室、卫生间；洗衣房在地下室。有些排屋带地下室，有些不带。排屋只有后院。

买排屋要交纳管理费。

5. 平房（bangalow）

平房只有一层，有前，后院。

买平房不用交管理费。

郁金香盛放时节，远眺北温

我们的买房经历：

作为刚刚来到加拿大的新移民，对于房地产交易制度不是很明白，我们接受了别人的建议，找一个好的房地产经纪人，这是买房子的第一步，也是重要的一步。在整个买房的过程中，我深深感受到：双方的相互信任特别重要。

1. 看房

大多数定居在大温哥华地区的中国移民，所选定的城市有温哥华市、北温哥华市、列治文市、本拿比市、素里市、新西敏市、高贵林市等，围绕在温哥华市周边的城市。

　　看房是买房子的第一个步骤，我们在2012年来温哥华旅游考察阶段就决定定居在大温哥华地区的列治文市。根据我们的需求与预算，地产经纪甘小姐为我们列出了基本符合我们要求的公寓，开车带我们一一看来。曾经有人对我说过："在温哥华买房至少要看100套，才可能选中心仪的。"没想到，我们只看了两天，不到10套公寓，就定下了后来买的这套公寓。

　　事后想想，真有点儿命中注定的感觉，这套公寓是整个清单中的一号。记得当时我们来到楼下，甘小姐开始没有找到卖方经纪给她留的钥匙。等待中，我们竟然发现一只可爱的灰兔在公寓门口趴着，见我们来了，它竟然没有害怕逃走。女儿惊喜地拿手机给它拍了不少靓照，后来我们找到了钥匙，要打开公寓门，它才恋恋不舍地离开。它似乎是在欢迎即将到来的新邻居。

　　买房之前，我并没有像其他家长一样，考虑学区，要找很好的学校周围的房子。作为一个教育工作者，我觉得孩子的教育更多地与家庭教育有关。另外，在深入了解了加拿大的教育制度后，我觉得加拿大的公立中、小学校之间差别不大，老师也是流动的，几年就会有轮换，所以我对学校的排名不在意。不料歪打正着，列治文市唯一有IB课程的中学就在我家门口（事先，我是真的不知道），后来才知道很多人都想买此中学附近的房——所以生活中很多事情不必太刻意追求，不勉力为之，生活常常会给你惊喜。

　　我们在甘小姐带领下看房之后，当天晚上，甘小姐就提供给我们如下资料，供我们参考：

　　（1）方圆1公里之内的同型房子或公寓过去6个月的成交记录。

　　（2）方圆1公里之内的同型房子或公寓目前市场出价行情。

　　（3）该房地产及建筑物政府估价。

　　（4）房地产订价历史记录及开始销售日期。

距离看完房仅仅四个小时，在短短的这段时间内，她就准备了这么完备和详尽的资料，我们非常钦佩她的职业精神和专业能力，同时感叹早期移民的勤奋，才能在奋斗十多年后有了自己的事业。从她提供的资料中分析得出，我们看中的公寓是同类型房产中性价比最高的。

2. Offer（出价）

我们表示对所看的房子很满意，就请房产经纪下offer给卖方。

在offer中列出了：

（1）我们出的买价。这个价格我们是在经纪的建议下给出的，因为如果出价过低，卖方无法接受你的价钱与条件，直接就石沉大海，失去了买房的机会。经纪比较有经验，会协助给出比较合理的价格，以促成交易。这个过程，有朋友提出，经纪可能为了自己的利益给出比较高的价格，提醒我们要咬住价格不放松。从我的亲身经历来说，买方对经纪的信任特别重要，否则就会痛失良机。

（2）购买的条件（Subjects）和条件完成日期：比如我们要求换浴室的瓷砖的条件及完成日期。

（3）交屋日期（文件过户的日期）。

（4）搬进日期（可以正式搬进去的日期）（是交屋日期的隔天）。

（5）调整日期（买房开始负担之一些相关税金或费用的起算日期）。

3. Count-Offer（卖方还价）

卖方针对我们出的价钱与条件作还价，如果卖方无法接受，就不再回复，交易就失败了。我们接到了卖方的count-offer，他对我们提出的更换浴室瓷砖的要求，给予现金的补偿。这样，双方达成一致，这份房产契约就算"准成交"。

4. 银行贷款

多问几家可以提供房屋贷款的银行，寻找利率较低与还款条件较佳的银行（如一些银行会限制几年之内不能还清，或一年只能多还多少）。

新移民刚来时，在加拿大可能没有工作或收入不够，银行会如何计算给出的贷款额度呢？加拿大政府鼓励新移民购置房屋，登陆后居住未满5年的移民，可以申请房价65%的贷款。

5. 验屋

经纪为我们联系了验屋师。当我们跟着验屋师验屋时，我们亲自操作了所有的设备与水电，并让所有水龙头流10分钟以上，以验证排水是否流畅，天花板、墙角及窗边是否有漏水痕迹。浴室的瓷砖有几块经测量含水量超过了50%，可以要求更换，其他设施状况良好。最后验屋师提供了一份书面报告。

6. 条件移除（Remove Subjects）

当买方的所有条件都移除了，签了条件移除书，这份买卖契约就正式生效，这时卖方经纪会要求付订金。缴了订金后，若突然决定不买这个房子，就算违约，订金将归卖方屋主。

7. 交屋程序

当条件解除、买卖契约成立后，经纪为我们联系了律师来办理过户手续。律师直接与贷款银行联系，交屋日期前我们到律师处签署了文

美丽家园

件，文件中列出了所有的项目金额，等交屋日期当天，自备款（先存入自己的账户，并提供授权给律师提领）与贷款将从银行转至律师的账户，然后再转至卖方的律师账户。买房的支出中，除了自备款外，还有下列费用：

（1）地产交易税：加拿大政府鼓励第一次买房，如果符合相关规定，可以申请免除地产交易税，但手续与文件繁琐，并有相关工作人员核实文件的真实性。我们是因为交税没有符合年限，所以没有享受到免除地产交易税的福利。

（2）律师的费用：一般有贷款的过户费用，买房约650-800，卖房约200-300。若无贷款，律师费用较低。

（3）一些调整日期的费用：如11月20日为调整日，该日起的管理费（若为大楼公寓或城市屋）、地税（若卖方屋主有预缴）或其他已缴全年的税金，从调整日起你必须扣还给卖方屋主。若当年税金前屋主尚未缴纳，则在11月20日前的税金，须由卖方屋主缴纳，此项金额会从该付的屋款金额中扣除。

隔天到了占有日，经纪将钥匙交给我们，就可以搬进去了。

8. 条件移除后必办事项

当条件移除、契约正式成立后，就可以配合交屋日期开始准备搬家，并将新地址告知所有相关的机构，如：ICBC驾照、CCTB和CCRA（福利金和税务局）、MSP（BC省医疗保险）、银行。

另外，还要事先向电力公司、电视及网络、电话公司申请新地址账户的起始日期和旧地址账户的终止日期。

四、父母的生活与工作

◎工作使阳光有了香味。

> 据美国《赫芬顿邮报》报道,职场上20%到40%的人都厌恶自己的工作。其实,厌恶工作会使人体重激增,厌恶工作会增大精神负担,厌恶工作会让人与伴侣的关系恶化,厌恶工作会让睡眠质量大大降低、免疫力下降,厌恶工作是重大疾病的潜在原因之一。
> 切莫厌恶工作,工作人是幸福人。

  大学同窗曾经跟我讲了一件发生在她家里的事:当时她一边工作,一边还在上在职博士,每天都觉得有忙不完的事,压力特别大。有一天,她对上三年级的女儿说:"妈妈太累了,想休息一段时间,做家庭主妇,可以吗?"没想到,孩子当时就潸然泪下,原来孩子觉得不工作的妈妈,就不是原来那个让她敬佩的妈妈了。

  原来,父母的工作,不仅仅是家庭生活的保障,在孩子心中还有更深的含义。对孩子而言,他们乐于看到父母享受自己的工作,享受自己的人生,见到这么丰富的世界,带来这么有趣的故事,而且能够在孩子遇到困惑的时候给予及时指导。孩子到了一定的阶段,需要跟他最亲近的人进行思想的碰撞和交流。当孩子的思辨能力开始产生的时候,他更需要一个有实力的伙伴,而这时如果父母仅仅满足于常常"赖"在他们身边,一天到晚围着他问"吃糖醋排骨还是宫保鸡丁",却不能给他们思想的养料,孩子们会感到不满意。

  当初到温哥华旅游的时候,我咨询了几个培训学校,对当地的教育情况有了基本了解,就已经有十足的把握能够继续从事自己喜欢的职业——教师。全家定居出发前两个月,我在国内向几个学校发了简历,很快就收到一个学校的回复,并约好电话面试,面试过程持续了一个多小时,从教育理念聊到了教学教法,双方相谈甚欢,这个学校就成了我在温哥华工作的第一个单位。

到温哥华的第三天,我和校长见了面,就正式开始上班。可能大家都会觉得我很幸运,事实上为了这个幸运,我从工作以来就在一路不停地奔跑,我一直相信一句话:"机遇只给有准备的人。"当初在北京的国际学校担任国际部主任时,我主动开设雅思课程,并承担教学任务;当雅思教学游刃有余、自己的考试得到单科满分后,我又开始研究托福;在环球雅思任职期间,为学校开辟北美市场,开创 SAT 教学。我经常用一句英语谚语自我解嘲:The old dog learns new tricks(老狗学新把戏)。所以,无论是需要什么课程的学校,我都能提供最理想的教学——不少人所经历的找工作难,我是真没有体会到。

新移民不大了解本地的劳务市场,加上语言、文化等障碍,不容易找到第一份工作,应善用当地咨询服务机构所提供的各类就业服务。

1. 评估服务:就业专家会替客户进行评估,让他们明白自己的状况、所需的培训、职业的选择、入行的途径,为求职者订立短期目标。

2. 帮助撰写简历:撰写一份符合雇主要求、又能表达个人真实水平的简历,对求职者非常重要。有些新移民以为有了一份出色的简历已是胜券在握,甚至找专人代笔,但假如在面试现场,申请人的英语会话表现跟书写简历的文字水平落差太大的话,到头来还是会失去入职的机会。

读万卷书,行万里路

3. 面试准备：学习面试对答的技巧。

4. 强化语言培训：是一个极为实用的培训课程。

新移民中不乏医生、律师、大学教授等专业人士，可惜来加拿大后其专业资格不被承认。当他们到咨询中心求助时，工作人员会提供本地就业的法例、获取专业证书的要求、发掘其他行业等多方面的资讯。如果要坚持原来的专业，就一定要有打"持久战"的准备。

2014年8月，一个朋友幸运地得到了多伦多约克大学的offer，即将启程迎接新的生活。能够在2011年登陆温哥华，三年后得到与专业相关（图书馆经济类资料管理）的工作，真是替她高兴。移民加拿大，能够在这片土地上继续从事专业工作的人不多。她是国内的档案学本科、经济学博士，到温哥华不久就开始在UBC上图书管理专业的硕士，历经一年半拿到了学位，还曾在英语培训学院做前台。为了这份工作，发了90份简历，面试了20多次，最终得到了这次机会。她的经历让我不由得想起了"不放弃，愿等待"这句话。

其实，拥有高等教育及丰富工作经验的人士，假如不再重操旧业，愿意接受再培训，仍有其他很多的出路，例如医生可转当注册护士、助产士、专科护理师等相关或高需求的职业。我有一个朋友，在国内是教经济学的大学讲师，后接受幼教培训，准备转行当幼儿教师。接受一年的专业培训后，就可以进入实习期，继而正式执业。

在获批的技术移民夫妇当中，通常主要申请人的教育水平和技能平均不错，但另一半的英语能力则不一定能达标。由联邦政府资助的新移民语言课程（Language Instruction for New Comers，简称LINC），适合来加少于五年、尚未成为公民的人士免费报读。申请者先要接受语言水平测试，确定学习的级别。周一至周五从早到晚都有举办此课程，还提供托儿服务，即使是养育幼儿的家庭主妇也可专心上课，帮助融入当地社会。

如果想重新找到适合自己的工作，心态很重要，要有一切从零开始的决心。在温哥华，论竞争力华人甚至不如印度人和菲律宾人，尽管我们常常开玩笑说他们发音不准，吐字不清，可毕竟他们沟通无障碍。华人普遍学历比他们高，能力也不逊于他们，但是眼看着保安、巴士司机等工作被印度人占领了，白人工厂的主管位置被菲律宾人占领了，只剩下工资低、环境差的工作岗位没人愿意做，英语水平低的中年华人只能在这样的岗位上奋斗。所以，有一切从零开始的决心非常重要，同时要努力提高自己的英文水平。

新移民找工作被拒绝的原因，往往是缺乏"加拿大经验"（Canadian experience）。所以，可以通过当义工，借此取得相关工作经验后，再尝试递交申请表。做义工赚到的不是薪酬，而是经验、人脉和工作机会。

求职者应该利用互联网搜索资料的优势，在面试前做足准备工夫，如浏览该公司的网页，认识其营运理念和发展方向等，正所谓"知己知彼，百战百胜"。面试时，雇主可能会询问求职者对前雇主的评价，或离开原来工作的原因等，求职者应该正面作答，因为雇主十分注重雇员处理问题的素质，以及个人的职业操守。因此，应尽量避免对前雇主做出种种负面的批评，再者说，新雇主也不希望自己日后有机会成为抨击对象。

有些人因漠视职场文化差异，最终把辛苦挣回来的第一份工丢掉。常见的情况是，他们不懂得跟同事相处或谈话之道，询问人家的薪金、房价、按揭贷款等有关数字的敏感问题，殊不知这已触犯大忌，冒犯了他人的财政隐私权。身处多元文化的社会，新移民该留意本地的社交禁忌（如政治及宗教问题），除非是他人主动谈及，否则还是挑选大多数人都感兴趣的宠物、体育等话题，方为上策。

在加拿大开公司并不像在国内开公司那样利润空间大，法律更多的是倾向保护劳动者的利益。老板如果想快速积累财富，就会设法钻加拿大法律的空子，想方设法克扣工人的薪水，降低待遇，比如：保险，中间休息的 coffee break 时间，加班的加倍工资都可能没有。所以在可能的情况下，建议去西方人的公司工作。

我的第二份工作，老板是上海人，面试时他就强调，他和别的上海人不一样，比较大气。我和他签订了一份合同，约定只要我不去别的培训机构兼课,他就保证我一周 20 节课的最低课时收入。后来,连续三个月都没有达到这个指标,我跟他提出异议,他居然说,合同上的约定没有实际效用,令人瞠目结舌。没有效用,为什么还要在合同中约定,视合同为儿戏吗?因为我后来去了别的教育机构,就没有再和他纠结此事。

五、家长与邻居的相处

◎邻居是你的另一只手。

> 其实邻居之间就应该互敬互爱，你敬我一尺，我敬你一丈，大家才能相处融洽，而适当的技巧也是搞好邻里关系所不可缺少的。不过，如果真的遇到扰民的恶霸的话，什么用都没有了，也只能寻求法律的帮助。这中间的尺度，是我们华人应该很认真地去学习把握的。

"各家自扫门前雪，不管他人瓦上霜。"据加拿大《世界日报》报道，大温哥华地区华裔族群较少与睦邻打交道，有的甚至可以说是"老死不相往来"。此次调查的受访者，其中有705位具有华裔背景，占了总访问人数的18%。温哥华基金会特别分析了华裔民众的访查结果，发现多数的华裔市民并不经常与左右邻居打交道，近四成表示不常与邻居交谈，高于非华裔族群的三成。此外，仅有三成华裔民众相信能与邻居一起共同解决难题，也低于非华裔族群的四成。

对于互动少的原因，五成华裔民众表示是因为遇见对方的机会不多，但是32%的华裔却表示，对互相认识感到"缺乏兴趣"，另外，仅有6%的华裔表示因语言问题才与邻居少交流，但是16%以普通话为母语的民众却表示，语言问题隔阂双方的交流。

值得注意的是，在以华裔为主的小区中，受访华裔民众对邻居的信任度降低，也对小区的团结较不热衷，居民之间的互信度反倒不如充满多元族裔的小区。

在参与小区活动方面，高达九成的华裔广泛使用了图书馆及小区中心，但是仅有两成的华裔参加小区会议或是像小区大扫除之类的活动，参与市政会议或是学校局会议的更低至一成。

对于此次的访查结果，移民加国38年、曾担任温市议员的温哥华基金会董事表示，与邻居建立互信才能建立一个安全、健康的居住环境，唯有"敦亲睦邻"才会有更美满的小区。他呼吁华裔民众多往外走走，踏出认识邻居的第一步。

在加拿大，房子之间的距离大，也隔开了邻居之间的距离，这样的邻里关系固然相对好处，不过，不当的处理也会发生纠纷。我听说过这样一个故事：一对华人夫妻买了新房挺高兴，可是，住进来才发现旁边的邻居很爱玩儿，三天两头地请朋友开PARTY，一闹就是深夜，而且把屋里的音乐放得很大，整条街都能听到。他们不好意思说，便忍着，后来邻居变本加厉，深更半夜打游戏机，声音很大，有时又在半夜跑到旁边的篮球架下打篮球，让他们整夜无法入睡，影响工作和生活。

忍无可忍之下，在一次邻居开PARTY时，他们报警了。可谁知道警察来了后甩过一句："管不了，如果你们受不了就搬家，这是人家的自由。"报警不仅没有起到任何作用，相反，在报警后，他们没有想到日子会更难过。那邻居知道他们报警后，便怀恨在心，有时故意在深夜大喊大叫，有时故意敲打墙壁，弄得他们痛苦不堪。没办法，他们决定换房，其时他们在那里才住了一年多。

房子后来卖给了另一对中国夫妇，他们并不知情，搬进来后，也备受同样的骚扰。可是男主人比较会处理人际关系，他找了一个合适的机会，拿了瓶啤酒，和那位邻居交谈，说自己要上早班，晚上要早点儿休息，问邻居能不能把音量弄小一点儿。邻居其实也不是胡搅蛮缠的人，一听便爽快地答应了，从那以后，他真的安静下来，邻里关系也很融洽。在夏天邻居开PARTY时，也邀请这对中国夫妇的全家参加，而且晚上12点准时结束。后来这对中国夫妇一直住在这里，大家和谐相处。

其实邻居之间就应该互敬互爱，你敬我一尺，我敬你一丈，大家才能相处融洽，而适当的技巧也是搞好邻里关系所不可缺少的。不过，如果真的遇到扰民的恶霸的话，什么都没有用了，也只能寻求法律的帮助。这中间的尺度，是我们华人应该很认真地去学习把握的。俗话说，远亲不如近邻，只有搞好邻里关系，才能提高自己的生活质量。

按加拿大习俗，一般晚上9点半以后不得制造影响邻居的噪音。公寓里的邻居受到骚扰一般不会面对面交涉，只是到物业管理部门投诉，投诉的住户有可能被写进物业会议备忘录上，发给全体业主提请注意。住独立屋的居民可能会打911报警。

我们居住的公寓可以说是个小小的"联合国"，不同肤色，不同年龄，和谐而居。与国内大城市快节奏的生活不同，每个人都愿意停下来，送上一个微笑，和你聊几句。我们家长一再鼓励孩子在学校要勇于和非华裔的孩子交朋友，自己也要做表率。

社区的樱花盛放

春天是温哥华最美的季节，小区内不同种类的樱花次第盛放，一个阳光明媚的上午，我坐在楼下的台阶上，看风吹樱花，落英缤纷。一对华人老夫妻进入了我的视线，他们正手持仪器，在樱花树下记录着什么，我走上去，和他们聊起来。他们负责本市各地花期的预报，我们在互联网上看到的信息就是他们每日工作的结果。他们还向我介绍了小区里不同种类的樱花和各自的花期，能和温哥华的居民分享他们的劳动成果，真是一件幸福的事。

六、孩子融入学校

◎孩子的世界，融入方知精彩。

> 大雁是出色的旅行家。飞行中，雁群常常排成"人"字形或"一"字形，以使飞行时可以省力。最前面的大雁拍打几下翅膀，会产生一股上升气流，后面的雁紧紧跟着，可以利用这股气流，飞得更快、更省力。同时，排成整齐的队形，也利于防御敌害。同样，让孩子快速融入集体，而不成为孤雁，对其身心、学习大有裨益。

很多家长到了加拿大，希望孩子立刻进入一个全英文的环境，选择学校时，最好没有中国学生，甚至选择幼儿园的时候，也会尽量选择全是西方人老师的学校，觉得这样有利于孩子英语水平的提高。我个人觉得这是走入了一个误区。

对未成年人来说，归属感和安全感应该是第一位的，在一个孩子没有安全感的时候，他怎么可能专心致志地学习？我曾经见过一个刚从中国来的3岁的孩子，进了这里的一所幼儿园，满眼都是金发碧眼的西方人老师，孩子不愿意上幼儿园，哄骗着去了，也是大哭不止，足足哭了一个月，父母没办法，只好转园到了华人办的幼儿园，没多久孩子就停止了哭泣，每天开心地上幼儿园。试想，在国内，3岁的孩子，离开熟悉的家，离开父母的怀抱，投入幼儿园这样一个新环境，都需要好长时间的适应，更何况孩子到了异国他乡，看到老师的面孔和他熟悉的面孔截然不同，完全没有安全感。所以，我认为，第一位的是让孩子有熟悉的感觉，有安全感。

所以，学校里有中国孩子并不是坏事，孩子能很快交上朋友，喜欢新的集体，喜欢上学。女儿在来加拿大一年后，我问她："喜欢在加拿大上学吗？为什么？"她告诉我，非常喜欢，因为她找到了几个志同道合的好朋友。

每天早晨8点半，我家的电话准时响起，女儿和另外两个同学约好在楼下集合，一起上学。加拿大的就近入学，让我回忆起自己小时候和小伙伴形影不离、边走边聊的乐趣。女儿以前会赖床，现在每天一叫她，马上起床，绝不拖沓。想想原来在国内，上学时间早，每天催促她起床，洗漱，吃饭，亲子大战分分钟都有可能爆发，孩子在送她上学的车上也闷闷不乐。现在每天听她出门前，快乐地和我们告别，心里颇感欣慰。

对现在的孩子而言，电视和网络对于他们犹如空气一样不可或缺，作为家长，如果"一刀切"，让孩子与电子产品完全隔绝也是有弊端的，比如当同伴都在谈论他们热衷的某个电视、某个游戏时，孩子只能无话可说，可能会影响孩子的社交。

温哥华的公立学校都配备了苹果电脑和iPad，很多课程都要运用某个软件，或是在网上完成。随着孩子使用电子产品时间的延长，从视力的保护、身体的发育角度，我和女儿达成了一个协议：周一到周五不使用电子产品，周末每天可以使用一个小时。协议达成之后，就充分尊重她的选择。

女儿曾有一段时间迷上了台湾偶像剧《原来是美男》，因为同学都在看。我看了一段，觉得粗制滥造，当时日本动漫《进击的巨人》也大行其道，我就向她提到了《进击的巨人》，企图用动漫替换偶像剧。大概3天之后，她对我说："我不想看《原来是美男》了，情节太匪夷所思；《进击的巨人》也不想看了，太血腥。"我连忙附和："对，听听音乐就行了，音乐不错。"看，家长不必强制，孩子自会有明智的选择。那天散步，我们又谈到了韩国首尔大学的研究：学历与收入水平越高的中国观众越爱看美剧和日剧，而收入和学历越低的人群，越青睐韩剧和台湾偶像剧。因为韩剧逻辑性较差，观看时无须动脑，可单纯满足"感情发泄"。她觉得挺有道理的，所以直到现在，那些热播的韩剧，比如《来自星星的你》，对她都没有什么吸引力，相反，她倒是经常和我一起欣赏《生活大爆炸》等美剧，欣赏美式的幽默。

学校里常常会安排不同的"主题日"：

"睡衣日"（Pajama Day）——每个人，包括校长、老师，都穿睡衣来校。睡衣的款式、面料、颜色、图案、纽扣，配套的睡帽和拖鞋，风格迥异。尤其是平时衣冠楚楚的老师，呈现难得一见的私密形象，学生感到特别好玩，师生笑成一团。

"双胞胎日"（Twins Day）——找一个好朋友和你扮作双胞胎，服装、发式都一样，你们同行同坐，亲密无间，真叫人羡慕！这是女儿特别喜欢的一个主题日。

"牛仔日"（Cowboy & Cowgirl Day）——男生、女生穿着牛仔服，戴着牛仔帽，一派西部风情。有一个标新立异的男生，特别喜欢牛仔们骑的高头大马，就穿了一件马的睡衣，成为众多"牛仔"中的珍宝——骏马，真为他的幽默与创新喝彩！

学校通过组织各种各样的主题日，使学校生活丰富多彩，让学生们爱上学，使师生关系、同学关系亲密无间。这种特殊的节日也启发了学生的创造能力，学生们从小就力求标新立异，敢为天下先，没有"木秀于林，风必摧之"的顾虑。刚开始，女儿怕夸张的服饰会遭到别人的取笑，后来发现，越夸张越受欢迎，她也就打消

Sports Day 蓝队的装备，活动最大的特点是混龄组队，大孩子照顾小孩子

了顾虑，尽情享受各种主题日带来的快乐。

曾经有一次，在女儿学校的操场偶遇她和一个8岁西方人男孩PK吊环，两人都像长臂猿一样，跨越三个环，三下五除二，吊到对面，还不乏节奏的美感。我为之惊叹：动如脱兔，静若处子。在国内，我很少见到女孩子可以这样，因为别人都告诉她们，女孩不可以。在一个相对自由的环境里成长的女孩是幸福的。

七、解决孩子在学校的心理问题

◎关爱如火把,照亮心灵。

> 不是你的孩子心理变得阴暗了,而是周围的光线太过明亮,刺激了孩子的心灵。面对孩子心理上的小问题,每一位妈妈都应该这样坚信。只有如此,你才不会因为孩子出现的小问题而指责、而焦躁,才不会让孩子幼小的心灵雪上加霜。也只有如此,你才会冷静地寻找孩子心理产生问题的根源,探求解决问题的方法。妈妈是孩子最好的心理医生,你的爱是最好的药剂,疗治孩子的心伤,是最温柔的手指,抚慰童稚的心灵。

精神分析大师弗洛伊德将人的意识部分比喻为冰山露在水面上的一角,而潜意识却是冰山在水面以下的巨大部分。潜意识虽不为人知,但很多时候在不知不觉地支配着人的行为。他还提出了"童年阴影"理论,认为人的创伤经历,特别是童年的创伤经历对人的一生都有重要影响。而这些创伤,因为人的自我保护机制,大多被压抑到潜意识区域。虽然我们认为它已经不在了,但一不小心被某事触动,它还会跳出来,让你痛不欲生,甚至情绪失控、行为失控。童年的阴影会影响成年之后的世界观。

我过去工作的学校是一所寄宿制的学校。下了晚自习,我每天都会接女儿回去,和她聊聊今天的趣事和烦事。因为我觉得,寄宿制最大的弊端就是孩子的心理问题没有办法及时排解,等一个星期结束回到家,见到父母,问题可能已经郁结在心中成为永远的疙瘩。

我的一个学生，对我描述了他刚来温哥华时的情景。16岁时，全家的移民手续办好，父母因为国内的事业，暂时让他一个人登陆，住在寄宿家庭。因为对自己的英语水平缺乏自信，遇到困难又没有人倾诉，他总是尽量避免开口说英语。在最初的三个月内，对外人只有寥寥数语，就连他的同桌——他曾经一度认为是韩国人，三个月后有一天才发现是"同胞"。每到夜深人静的时候，他就自言自语。说到这一段，他很平静，我却不淡定，为这个孩子所走过的艰难岁月感到难过。他坦言那段时间给他留下的创伤就是，后来他成了"话痨"，没有人听他倾诉，就会很难受。现在，他因为没能完成省考科目的学习，而又年满19岁了，只有进了成年高中。他也知道要好好学习，可就是没有自信，也缺乏耐性。正如我在本书相关章节中提到的，父母的精神支持，对孩子异乡的学习生活有难以估量的影响。

首先，家长要知晓孩子的心灵更加需要关心。
例如孩子在学校被老师批评了，希望其他人能安慰他、劝解他，可是回

学校的"家庭同乐日"中的钓鱼活动

家还会被家长变本加厉地再批评一顿，孩子肯定会感觉很委屈。

其次，要倾听孩子说话。

家长往往习惯于自己说话，让孩子听话。在学校里，一个教师面对几十个学生，主要是教师说，学生说话的机会相对少，说心里话的机会更少了。家庭应该是孩子说心里话的地方，家长要注意把说话的机会留给孩子，特别是内向的孩子，家长更要给予重视，鼓励孩子多说话。家长不能因工作忙，忽略与孩子的思想交流。

最后，宽容与约束都重要。

对孩子宽容好还是严格好，并没有一致的意见，现实中家庭教育失败的教训往往是过宽或过严。家长应平等地对待孩子，在宽容孩子的同时要给孩子必要的约束。过分宽容则陷于溺爱，过分严格则陷于寡爱。家长要明白这样的道理，孩子的快乐性格不是在训斥声中养成的。家长的适时表扬比物质奖励更能帮助孩子养成好品性，表扬孩子与约束孩子的不良行为不构成矛盾。学会尊重孩子吧，愉悦幸福的人生基础从鼓励与表扬开始。

八、如何面对同伴压力

◎日夜兼程，去看更多风景吧。

> 仔细想来，当我们为孩子的迷失责怪社会和环境时，其实是忘记了我们自己的责任：我们从来没有正视孩子们从幼年一路而来的自我价值认同的寻找和需求；是我们自己在不断地保护与让步中鼓励孩子妥协，将自己的价值定睛在被同伴接纳上；是我们从来没有双眼正视孩子们的明眸，将我们所信的尽心尽意地告诉他们，并切身地带领他们在生活中去操练。

刚刚登陆温哥华时，曾在报纸上读到一则新闻，BC省的一个花季少女，因两个同班女孩在互联网上发布了针对她的"语言暴力"自杀了。是什么样的语言竟会导致一个活生生的年轻生命离去？作为一名教师，我总是相信每个孩子都是善良的天使，哪怕现在的他（她）身上有这样或那样的毛病。直到我遇到了这样一个女孩。

她最初有"舞台恐惧症"，聚会中的表演，每次轮到她，就会戛然而止——气氛就会急速降温到冰点而冷场。我们总是一次又一次鼓励她，耐心地等待。渐渐地，在大家的细心呵护下，她克服了心理障碍，变得爱展示自己的才华。再后来，走向了另一个极端——她要成为众人关注的焦点。从此，她的同伴就一直笼罩在她的阴影中，并成为她语言冷暴力打击的对象。当老师问别的孩子问题时，她总是抢着回答，根本不给别人说话的机会。她总是以大欺小，一起玩拼图时，一个比她小的女孩完成了大半，她把别人从椅子上挤走了，自己继续享用别人即将完成的劳动果实。用一个词"bossy"（霸道）来形容她，再准确不过。语言交流中，我发现讽刺挖苦是她最常用的表达方式，渐渐地，她周围的孩子，都学着她那样，对别人多是负面的评价，进而讽刺，挖苦。她的实例引出了一个问题——Peer Pressure（同伴压力）。

peer pressure 是一个困扰人一生的话题。随着孩子们的成长，同伴压力逐渐露出狰狞的面目，揭开了孩童时代调皮、狡黠的面纱。对初入青春期的少年，同伴压力就已经非常令人震惊地带领他们进入噩梦一般的选择：能不能为了表现自己超酷，用"语言暴力"让伙伴颜面扫地；要不要为了不被哥们儿笑话，尝一尝香烟或者大麻的味道；是不是因为小闺密尝过了禁果，自己也应该尝试一下——影响逐渐升级。

在以后的日子里，同伴压力最终以非常残酷和露骨的形式公然走进我们一辈子的生活，进入人一生几乎所有的选择：女友的相貌、男友的家境、大学宿舍周末派对上的嗑药和乱交、工作后的收入、购置房屋的大小、汽车的品牌、儿女入学的大学的排名，最后以至于入土后的墓地大小和选址。同伴压力，就这样带着我们无可救药地落入一个陷阱，裹挟着我们不知不觉中忘记我们到底是谁，到底要什么。

其实说到同伴压力，为人父母者都会感到这种来自同龄人的压力在自己的孩子身上所产生的影响力，积极的和负面的，都很清晰。孩子所面临的世界里一直将要有这样一种挑战在他（她）的面前——吃的、穿的、用的、说的话、看的电视、听的音乐……他（她）生活的每一个方面都会被暴露在这样的压力之下。

孩子带回来的挑战实实在在：朋友们都擦指甲油，各种颜色的，很漂亮，只有她没有；大家都看一个很时髦的电视剧，学里面女孩子的说话很酷的态度和不那么好听的措辞，她却没看过；大家都穿一种款式和牌子的鞋子，她没有，就会觉得自己很另类；女孩子们以影视明星为自己的偶像，本来已经很瘦的女儿还吵着要减肥。

所以我一再强调，父母在尽可能的情况下，多给孩子一些陪伴、一些指导，孩子才不至于惶恐，甚至误入歧途。

事实上，许多时候，最先选择放弃面对而采取妥协的并不是孩子，而是父母自己。那是因为，这种同伴压力其实远远超出了孩子和青少年成长的世界；它正是我们为人父母的许多人自己生命中的软弱，正是我们一生中众多坎坷与羁绊的祸首。

有一位妈妈曾经开玩笑地说："如果我们做妈妈的不去教女儿如何穿着打扮合宜，等到孩子跟着她的朋友们学，露着肚脐儿、穿着洞洞裤回家见我们的时候，我们就不应该发脾气怪孩子！"

教会孩子坚持读自己喜欢的书，看自己喜欢的电视，穿自己认为美的衣服，唱自己喜欢的歌，听自己为之陶醉的音乐——自信和坚持，一定能赢得别人的尊重。

其实，在小的事情上不敢坚持的孩子，当中学和大学里的吸毒、酗酒、乱性都摆在他们面前时，孩子如何能够成为战胜同伴压力的勇敢的人呢？因为孩子们长大成人、走进社会时，面对同伴压力最终必将成为他们一生的征战：我这样做是因为别人都赞美和看中这些吗？我是盼望得到别人的高看和赞美才去做这些吗？我需要放弃我知道的当行的义，因为我周围的人都不这样做吗？我需要因为别人都有这些，我也要拥有，才可以觉得有成就和被认可吗？

我们应尽心尽意地告诉他们，并切身地带领他们去体会这样一个真理：我们每一个人都是独一无二的个体，这样我们的自我价值认同才清晰，自信才有根基。

九、孩子的成绩单

◎孩子的能力是多元的,各科分数只是一方面。

> 成绩单是学生在校成绩的反应。加拿大孩子的成绩单有好几页,除了学习能力方面的描述之外,占据很大篇幅的是社会能力方面的描述。还有其他很多具体的要求,比如听从指令、是否遵守规则、自我控制能力、责任感、与他人合作的能力和学习习惯与学习能力等方面。他们更看重的是孩子的进步过程,而不是结果本身。

　　成绩单是学生在校成绩的反应。加拿大孩子的成绩单有好几页,除了学习能力方面的描述之外,占据很大篇幅的是社会能力以及行为习惯等方面的描述。还有其他很多具体的要求,比如听从指令、是否遵守规则、自我控制能力、责任感、与他人合作的能力和学习习惯与学习能力等方面。他们更看重的是孩子的进步过程,而不是结果本身。对于孩子的结果,成绩单上都轻描淡写,做得好的就说符合要求或者达到标准,至于高出标准多少,老师不明确说;而对于有待提升的部分,则会说得很详细,甚至会在和家长一对一见面时重点给出建设性意见。

　　成绩单仅仅是孩子行为结果的一个反映。在学校日常生活中,老师会非常重视从以上这些方面观察孩子、引导孩子、示范正确的做法,确定规则。据一位老师讲,在这些方面做得如何,也是老师评定考核的标准之一。

　　而我们国内学生的成绩单,密密麻麻地排列着各个学科,语文、数学这些学科还分成了好几个项目,有基础知识、阅读、写作等。不仅有期末的评定,还有平时成绩的评定。总之,小小的一张成绩单基本都是对各门学科成绩的评定,而对学生品行的评定,只是简单地打印好非常教条的20条,很多班主任老师往往想也不想,都打了个优,而没有任何的文字评价。除非这个孩子在这方面确实特别落后,否则就不会出现"良"之类的评价。所以,家长拿到成绩单,也是先看各个学科的成绩,而不重视品行的评价。

北美还非常注重社会能力,他们认为:社会能力是儿童能力发展的重要组成部分,不仅影响着儿童的个性发展和社会适应性,还影响着儿童未来的社会生活。一个社会能力差的孩子,即使学业能力很好,将来也难以获得成功。他们认为社会能力需要从学习中获得,所以,也是老师们要重点示范并且创造条件让孩子有机会模仿练习的内容。北美的学校会有很多活动,这些活动就是学生学习和实践社会能力的场所。以前被我们中国人传说的"西方教育就是玩"其实恰恰是学习这些能力的过程。

而我们中国的教育,也在强调能力的培养,也在强调能力的重要性。但是我们的学校教育真的在做这方面的事情了吗?我们有提供提高孩子能力的学习项目吗?我们有提供提高孩子能力的时间吗?在我看来,都没有,至少都做得不够。我们一直都在争分夺秒地抢成绩,抢分数,从小学低年级开始就这样,到了高年级就更加如此,根本没有时间可以拿来提高能力。其实能力应该更多地来自与同伴的交往,在与同伴玩的过程中,可以适当地应对来自同伴的压力,训练解决冲突的技巧。

为了提高成绩,很多家长选择了课外辅导班,给孩子补充额外的学习内容。从我的亲身体验来说,首先应该关注学校的学习内容。我每天会要求 Mina 拿出学校老师的讲义,及时复习。对于还在 ESL 学习阶段的学生,学习数学、社会科学等学科最大的障碍就是语言。查字典,弄清生词的意思,有利于孩子后续的学习,否则,语言障碍会一直阻碍他们对学科知识的理解。如果家长自己不能辅导孩子,应该和课外辅导老师商量,如何在课堂上结合学校教学内容,取得最好的效果。

十、怎么看待加拿大的混龄班

◎孩子今天是教育的中心，明天将是社会的中心。

> 玛丽亚·蒙台梭利是20世纪享誉全球的意大利幼儿教育家，她反对"儿童像被钉子固定的蝴蝶标本，每人被束缚在一个地方——桌子边"这样的学校和教育方法，她认为儿童的心理发展既不是单纯的内部成熟，也不是环境、教育的直接产物，而是儿童和环境交互作用的结果，是"通过探索环境时所获得的经验从而实现的"。

女儿从小接受的是蒙台梭利教育，来到温哥华6年级、7年级都是在混龄班。刚开学，听到一个爸爸对5年级的儿子说："你和4年级的学生混班，一定是你表现不好。"这句话对孩子心灵的伤害有多大，家长可能没有意识到。更重要的是，他完全不了解混龄班的分班原则和意义。

蒙台梭利说："把人根据年龄分隔开来是一件非常冷酷而又不符合人性的事情，对于儿童也是这样。这样也就会打断社会生活之间的联系，使人与人之间无法互相学习。绝大多数学校首先根据性别，然后根据年龄进行分班，这是一个非常大的错误，而且是很多罪恶的根源。"

在儿童认知心理学方面，"认知冲突论"和"最近发展区理论"为混龄教育实施的可行性提供了有力的理论依据。皮亚杰认为，同伴对儿童的认知发展有着重要的贡献，儿童需要有与同伴和环境互动的机会，以促进他们的学习。凯兹有关认知发展的研究表明，无论年龄的大小，当互相交往的儿童处于不同理解水平时，会产生认知冲突。尤其是不同年龄同伴的互动，产生的认知冲突更可能促进认知的发展。但并非所有的认知冲突都将导致认知的发展,用维果斯基的话来说,要学习的概念必须处在儿童的实际能力和潜在能力之间,就是处在儿童的"最近发展区"内,这种冲突才会有效。

先谈谈幼儿混龄教育,就是将年龄在 3～6 岁的学前儿童编排在一个班级里学习、生活、游戏的一种教育组织形式。混龄班就像一个小小的社会缩影,它更接近真实的社会生活,让不同年龄的幼儿在这个温馨的大家庭中,学会理解、关心他人,培养良好的社会适应能力、快乐的情绪和自信心,促进幼儿身心健康发展。

混龄教育模式具有三个共同的要素:将不同能力、不同年龄的儿童编在同一年级中;强调儿童发展的需要和怎样最好地满足他们的需要;坚信发展适宜性方案和整体发展观,即儿童的发展不仅包括学业成绩,而且包括儿童社会性、心理和身体健康的发展。众多的混龄教育成果表明,在混合年龄小组,年长的儿童会自然地促进其他儿童的行为;帮助、给予、分享等亲社会的行为在混合年龄小组中更为频繁;同时,在混合年龄小组中,儿童对其他成员的责任感和敏感度表现得更强烈。

我认为,理想的混龄教育过程是:在生活环节上,更多地以混龄进行;在学习环节上,除了混龄进行以外,最好根据不同的能力、爱好进行自由地组合。比如,按不同的读、写、算的能力分层教学,学习小组安排灵活多样,幼儿在学习进程中处于一个有弹性的地位。

"精心设计,最大限度地促进异龄互动"是混龄课程的精华所在。这对老师有很高的要求。特别是小学阶段的混龄教育,这也是很多家长容易产生误解的原因。加拿大公办学校的老师都接受了专门的培训,以满足混龄班的教学需求。同时,教育局的课程指导中有专门的文件 Integrated Resource Packages (IRPs),严格规定了这种模式的教学要求。过去,在国内的国际学校,我们也一直在采取混龄班的模式。多年的工作经验告诉我,要取得华人家长的理解总要经历一个阶段。

教育学上有一个很有启发的案例：有一天，格雷在学校的儿童游戏室里假装看书，偷偷观察一名13岁男孩和两名7岁男孩的自创"情景剧"。这些孩子自编自演了一个稀奇古怪的故事，故事里有英雄人物，有怪兽，还有战争。两个7岁的男孩欢喜地嚷着故事接下来会发生什么，那个13岁的孩子随即便把他们的想法编成一个前后连贯的故事，还在黑板上飞快地勾勒出主要情节，犹如一个杰出的编剧。格雷在一旁偷看了至少半个小时，他被亲眼目睹的艺术创作深深震撼了——无论是7岁的孩子，还是13岁的孩子，他们单独都无法完成这样的创作。正是7岁儿童毫无羁绊的想象力和激情，与13岁儿童高度发展的叙述能力和艺术表现力相结合，才为他们创造力的爆发提供了最佳的条件。

格雷说，不同年龄儿童共同游戏，对于年龄较小者的最大好处在于，他们可以玩跟同龄人在一起玩不了的游戏，并从中学习。（这一点，华人家长都

六、七年级合班的管弦乐队准备表演

能理解，而且特别愿意自己的孩子和大孩子一起。在学习上，就体现为急功近利，拔苗助长。）这种方式，对年长儿童同样颇有教益，在跟年幼儿童的互动中，年长儿童教育他人的天性得以发挥，并因在某种关系中处于较成熟的一方而获得自信心和自豪感。在教他人的过程中，他们自己的知识得到巩固和拓展。在年长儿童向年幼儿童讲解规则、策略、道德原则以及其他概念时，他们必须把自己内在的理解表达出来，这会促使他们对自己原以为知道的东西进行反思。学习方式有多种，这就是我们认为学习效果最好的方式——"Teach to learn"，而这一环节，往往被大多数家长认为是浪费年长孩子的时间，对他们没有益处。

　　既然混龄班有如上的好处，为什么有的年级有混龄班，有的年级没有？我认为是教育局对每个班学生人数有要求，比如说一年级要求20人一班，而学校有24人报名，最合理的资源配置就要把他们和别的年级的学生混龄，再分成两个班。因为每个年级报名的学生人数不同，把他们编班也是一项艰巨的工作。

　　对于这项工作，每个学校都非常重视，开学第一星期，家长都会收到学校的通知，详细阐明编班的原则和好处。我不否认，教师水平的高低会对教学效果有一定的影响。在国内的国际学校，我曾观摩过4、5年级混龄班数学教学，当时授课的是来自新西兰的校长和来自美国的老师。我感觉经验丰富的校长，课堂节奏把握得更好，无论是高年级，还是低年级的学生都高效率地完成了学习任务。但教师的这种差异，在普通分级的教学中不也存在吗？小学阶段，家长应该把更多的注意力投射到孩子能力全方位发展上，而不是单纯地关注学了多少知识。

　　"行有余力，则以学文。"学习如何与人和平相处，小组分工合作，学会做人，学会生活，是加拿大小学阶段教育的共识。

十一、数学的重要性

◎诗造成气质高雅的人,数学使人高尚。

> 对于中学生来讲,把数学基础打好、打牢,这就为他们将来的学习、工作和事业发展积累了一个属于自己的、别人拿不走的内在资本。比如在北美,中国人争相选报的商科,申请入学的要求中,都有对数学的特别规定。学生毕业之后应聘工作时会发现,国际上许多顶尖投资银行招聘雇员时,都要考数学或者查看他们的大学数学成绩。

中国一直有这样一种说法:北美初中生学的数学是中国小学生学的水平,高中生学的数学是中国初中生的水平。那么,为什么我们的中小学数学这样难,而能利用学到的数学知识进行创造发明的那样少?为什么国内的孩子们耗费 12 年学习数学,最后绝大多数人除了简单的加减乘除以外的东西都忘光了?

长久以来,中国人迷惑的是,为何北美人数学这么差,还能出这么多伟大的科学家?答案就是:"北美教育给予不热爱数学的学生最基础的数学教育,而给予热爱数学的学生最高水平的数学教育。"

北美教育给予不热爱数学的学生最基础的数学教育:北美的教育纲要中对于高中毕业的学生应该有何种的数学修养,是有专门规定的。比如 BC 省,11 年级的学生必须要参加数学省考,数学不过关,高中是不允许毕业的。

给热爱数学的学生最高水平的数学教育:以高中为例,对于一些有数学天赋的学生，为了不让他们感到无聊，充分发挥他们的潜能，有的学校（不是每间学校都有这个条件）会提供 Advanced Placement 课程，也就是 AP 课程。以数学为例，高中最高级的 AP 课程，叫微积分，教材不是统一的，AP 课程的任课老师可根据自己的喜好选择教材。另外，老师会推荐一些课外读物，供那些学有余力的学生自己去探索，充分利用他们过多的能量。

或许，论数学的平均水平，美国学生确实远远不如中国学生，但是谈到因材施教——给有兴趣的人的教育时，中国的教育制度，则还停留在原始的蒙昧阶段。而到了大学，这个差距就越拉越大，到了研究生阶段，国内与美国的高等教育相比，真的无法相提并论。北美这样的教育制度，很大一个好处就是，年轻人可以把多余的时间和精力，专注到自己喜欢做的事情上。参加 AP 课程并获得学分在申请美国大学时是相当有优势的。首先，一个勇于挑战高难度、在学习上具有前瞻性的学生是很受大学招生老师青睐的。另外，在高中时期就报读 AP 课程，可减缓以后大学一年级的学习压力。而且，由于学生早已在高中就学习过部分大学一年级的科目，在接受新知识时，会比较容易取得理想的成绩，对提高大学的 GPA 很有帮助。即使学生所在学校没有开设 AP 课程，只要学生感兴趣，也可以自学或参加课后补习班，然后参加每年的统考。

北美的教育更注重的是让学生在上大学前开阔视野，发现自己所喜欢的、感兴趣的领域和学科。所以他们一直到高中都有很多自己选修的课程，孩子们学起来觉得也很轻松——学自己喜欢的，乐此不疲。中国学生经历过不堪回首的高考之后，瞬间解压，觉得生活失去了奋斗的目标，开始玩乐，但北美大学生却非常辛苦，学习努力，这不光是因为他们的大学不好毕业，而是大学时期其实才是真正学习的好时光，术业有专攻，之前都在寻找培养兴趣，拓展视野，找到自己的兴趣所在。

加拿大中学生的数学知识比中国学生要晚两年，而且在深度上和扎实性方面远远比不上中国。但是，加拿大的数学竞赛在灵活性与创造性方面做得比中国要好——如果学生能多参加一些数学活动，并注意把基础打牢的话，今后在思维的整体发展上，在加拿大应当比在中国好。

我认为，一个数学成绩平平的学生，他的逻辑推理能力也一定是平平的。

因此，我非常重视女儿的数学教育。

在女儿逐渐掌握了数学术语的英文表达后，我就开始要求她学习加拿大学校的数学课程的同时，还要自学我准备的国内的教材。将来，如果她对数学感兴趣，我还准备让她做加拿大数学竞赛题，我相信，她得到的最直接的好处就是使她可以轻而易举地在学校的数学课上出类拔萃，同时竞赛题会帮助她开阔思路，唤起她大脑深处蕴藏着的数学智慧。所有这一切，都会对她在中学阶段以及今后成长起积极的作用。

对于中学生来讲，把数学基础打好、打牢，这就为他们将来的学习、工作和事业发展积累了一个属于自己的、别人拿不走的内在资本。比如在北美，中国人争相选报的商科，申请入学的要求中，都有对数学的特别规定。学生毕业之后应聘工作时会发现，国际上许多顶尖投资银行招聘雇员时，都要考数学或者查看他们的大学数学成绩。

十二、保持中文优势，打造双语人才

◎两只手抱的肯定比一只手抓的要多得多。

> 作为一个中国人，无论学习的背景如何，永远改变不了的是黄皮肤、黑头发、黑眼睛的炎黄特质，熟练掌握英语的同时，保持对汉语的亲密，不仅是时代对人才的需要与选择，更是民族情感的寄托与归宿。

有人问我："孩子都上加拿大的学校了，为什么你还让她坚持学中文？"中文和数学一样，一直是我坚持要求孩子学好的。

中国 12 年的基础教育最有价值的是前 6 年的小学教育。国内小学教育以四年级为分界线，低年级抓基本功：练习写一手标准字，学会标准发音，训练正确看书坐姿，按时按质完成家庭作业，培养他们良好的习惯。我非常感谢女儿小学阶段的班主任宋老师，她是一位对孩子充满爱心，同时又能严格要求学生的老师。Mina 能够字迹工整，有良好的学习习惯，与宋老师让学生们从一年级起练的"童子功"是分不开的。中国小学高年级阶段才开始在语文、数学和英语三门主科上增加难度，并会加入其他科目的学习。小学的教育以"德、智、体、美"为理念，比起中学阶段因为分流而进行的"中考"和"高考"，中国的小学更多是打基础的知识灌输和学习基本功的训练。

当然，在国内，我们并非只是把孩子托付给学校，把教育孩子的事拱手让给老师，我们也十分重视家庭教育。学校传播知识，课外活动传授技能，父母则用言传身教影响孩子的身心成长。

然而，让人难以回避的是，在国内，基础教育到了中学阶段开始变味，教育的观念、体制和手段都围绕着"中考"和"高考"两根指挥棒而转，应试教育变得十分功利。

与国内的情况不一样，加拿大的孩子在小学基本上是边学边玩，他们的基础教育关键在中学。加拿大中学课程种类适当，内容相对偏浅。8—12年级将我们国内孩子学的大部分科目全部归入一个课程——科学，其内容也以科普为主。这样适当的课程设置、难易适度的知识学习，更有利于孩子健康、全面的成长。

加拿大中学不分文理科，中学课程一般分为8个学科领域：英语语言、社会科学、自然科学、数学、体育艺术、技能、个人规划和毕业报告。学生可以根据自己的兴趣，自由地选择学习的方向。想读大学，也不用挤高考这座独木桥。10年级开始学分制，大学根据你的学分成绩、个人规划、社会活动能力等发出录取通知书。这样，避免了死读书，读死书。女儿在课余时间参加了

Mina 在 Aberdeen Centre 参加 BC 省的科学会展，展示自己的科学作品

各种社团活动、兴趣小组，还去做义工以及参加了不少课外体育项目，五花八门的课外教育、课外实践，能够在学生阶段最大程度地锻炼孩子的主动意识、承受能力和意志力。

如果让我评价中西方高中教育体制上最大的不同，那就是国内是驱赶着孩子"千军万马过独木桥"，在高度统一的教学设置和白热化的竞争氛围之下，学生鲜有时间去认真思考自己的理想、规划职业和生活，包括知识架构以及对社会的回馈。而加拿大的中学还特别开设了一门名为 Planning（规划）的必修课，教学的目的是教会学生从中学开始规划自己的未来，掌握自主权。老师会根据这个引导学生从事什么职业可以实现这种状态，将生活状态与职业挂钩，待孩子大致定了职业方向后，就指引学生从事哪种职业、读哪些专业，来达到自己的生活目标。

当然，中国和加拿大在教育的制度、观念、目标、手段等诸多方面各有千秋，女儿在中国读小学，在加拿大读中学，是一种难得的体验和经历，我们相信，这一切将有助于她的人生更加丰富多彩！

十三、引导孩子的课外学习

◎热爱是最好的老师。

> 孩子小小的兴趣，或许可以点燃他燎原的灵气之光，身为家长和老师，不仅要珍惜和尊重孩子的小兴趣，还要善于时时发现孩子的小兴趣。我一直这么认为：只要是孩子喜欢学的，我都支持。

Steve Jobs 在斯坦福大学毕业典礼上的演讲，是我在教学中多次引用的内容。"You can only connect them looking backwards, so you have to trust that the dots will somehow connect in your future."意思是：只有当你回顾的时候，可以把过去的点（其实是学过的东西）联系起来，所以一定要相信过去（学过的东西）一定程度上会连接你的未来。也就是说，今天我们所学，一定在将来的某一天有用。Steve 在从 Reed College 退学以后，选择旁听了学校的书法课。十年之后，在设计苹果电脑的字体时，他在书法课上所学的内容发挥了巨大的作用。

我的亲身经历也证明了这句话。大学一年级时，我参加了在北京高校中赫赫有名的"北国剧社"，当时给我们上课、训练的是中央戏剧学院的老师和学生。其中，发声的方法，我印象最深刻。站在 500 人礼堂的舞台上，没有麦克风，我们的声音要让坐在最后一排的人也能听见。虽然后来因为学习任务重，我只在剧社待了一年，但工作之后，我发现这段经历对我太重要了。不必说我对话剧的喜爱，单是说我能在高强度的疲劳用嗓之后（最多的一天要上

女儿临摹的几米的漫画

9至10个小时的课),没有患上职业病,就要归功于我学会了科学发声的方法。我的很多同事声音哑了,甚至患上了声带小结等职业病,而我还要经常做大型讲座,听众众多,有时还没有话筒,而我的嗓子竟能奇迹般地屹立不倒,这真要归功于剧社里练习的童子功。

尽管我不是学音乐的,却在女儿两岁的时候,曾两次自费到北京参加奥尔夫音乐教师培训。在空旷的大教室里,女性特有的柔美声线,分不同声部,用最简单的唱名,汇合成天籁之音。这种氛围培养的孩子怎么会不热爱音乐?怎会没有对音乐的感受力和创造力呢?每次培训之后,我都有心灵得以净化的感受。有人就问过我:"你去学这个有什么用?"有用与没用,是成人进行价值判断的标准。当时,我也并没有考虑那么多,后来在幼儿对外汉语的教学实践中,我借鉴了奥尔夫音乐教学法,没想到那些外国孩子特别喜欢,不知不觉能专注地学习20分钟,于是我的课堂成了最受欢迎的中文课。

我也一直这么认为:只要是孩子喜欢学的,我都支持。为练形体,锻炼身体,我女儿学过芭蕾;从小喜欢涂涂画画,学习了绘画;在北京朝阳文化馆,听到咿咿呀呀唱京剧的声音,又报名学了两年京剧,并参加少儿京剧大赛,进入了复赛;上京剧课途中看到魔方课的宣传,便师从盲拧魔方吉尼斯世界纪录保持者庄老师学习起魔方……

到了温哥华，我让她自己决定继续学什么，她选择了钢琴和素描。在加拿大的公校，学生到了6年级可以选择学习一种乐器，老师会优先考虑学生的选择，同时兼顾组建学校乐队的需求，为学生定下一种乐器。在选择乐器的时候，有作为过来人的家长这样建议我：选择小号，因为学习吹小号的女生不多，将来进入Honor班的可能性大，进而对申请大学有利。如果从实用的角度来说，选小号确实可以实现利益的最大化，但孩子喜欢吗？要牺牲她的兴趣，值得吗？在和女儿商量之后，她坚持选择长笛，我便全力支持——还有什么比兴趣更重要的吗？有趣的是，她的同班同学Tina，一个开朗外向的女孩，特别喜欢小号，在得知全班就她一个女生选小号之后，情不自禁地欢呼雀跃。让人不由得感慨：每个孩子都是独特的个体，千人千面。

特别感谢曾经教过Mina的两位音乐老师，第一位是Tomsett Elementary School的Ms. Ting，她要求孩子们每天至少要练习15分钟，记录时间，家长签字。这样的习惯一旦养成，Mina每天会按时完成任务，根本不需要家长催促，练习成了一件非常愉快的事。第二位是Ferris Elementary School的Mr. Kruk，一位专家级的老师，他不看孩子们的练习记录，每次上课时，只要点名让孩子演奏，他就知道这个孩子有没有练习。所以孩子们也不敢怠慢。在加入乐队8个月后，学校为家长奉献了一场高水准的表演，每个孩子各司其职，成为整个乐队不可或缺的一分子——让每个孩子都成功，每个孩子的才华都得到了淋漓尽致的体现。

孩子的创意常常让我们大人惊叹：一天，Mina竟然用长笛吹出了中国传统乐曲《梁祝》，而她的面前并无曲谱——原来是她自己琢磨出来的。作为家长，我们给孩子提供一个机会，孩子会还我们无限可能。

十四、创造中英文双语学习环境

◎我所有的努力都是为了你，未来。

> 如今，让孩子掌握中英双语已是无数家长的目标，也是无数学校正在做的事情，这不仅是与国际接轨的具体表现，也是新世纪、新时代对人才的要求。我一直坚持认为：孩子在最初是一个充满无限可能的个体，错误在于父母，尤其是那些自以为懂教育的父母。对成人的改造是极其困难的，而他们造成的错误往往耽误了孩子。

同样是亚洲国家，在中国学习英语的环境甚至比不上韩国、日本、泰国等。我所教过的来自这几个国家的留学生，英语发音虽然有当地特有的口音，但他们说起英语比中国学生自信，能高效地达成交流的目的。他们说，在本国的日常生活中有机会学以致用，而中国孩子大多数只能在课堂上学习书本上的知识。甚至于教科书中的很多表达，英语国家的人们日常交流时根本不会这么说。最典型的例子当属"How are you？"，我们教科书上的回答"I'm fine. Thank you, and you？"我在国外生活过程中没有听到过有人这么回答。

如何用自己有限的时间和精力为女儿创造学习英语的环境，是我一直思考的问题。记得刚大学毕业那两年，我认识了现在的闺蜜 Wannia，两人对学习语言都有浓厚的兴趣，在一起互帮互学。在学习过程中，我发现她似乎总能先我一步，在语言的敏感性上更胜我一筹。她的父亲是湖南省的英语特级教师，但并未在教育上额外关照过女儿。她模糊地记得 5 岁那年曾经经常和一个外国孩子一起玩，也不记得两人是如何沟通的。我们都是属于初中才开始学英语的那一批人，早就错过了语言的敏感期，如果认真分析我俩有什么不同，可能仅此两点而已。况且，和别人相比，我一直都自认为是个学语言的高手。所以我坚信，这就是耳濡目染的巨大影响。

我的这些心得，指导我从女儿出生便很注重对她进行语感的培养，也不怕她听不懂，给她读英文故事，给她听英语歌曲。她在听英语歌曲 *What's your name*？时，跟着唱出："I'm Mina." Mina 便成了她的英文名，其实歌曲中并未提到这个名字。

后来我的工作越来越忙，更没有时间单独教她了。我也一直挺遗憾，自己是英语老师，却没有时间辅导自己的孩子——这可能是所有教师的遗憾吧。但是，渐渐地，我发现早期的接触确实有效，小学时她的英语成绩一直名列前茅，模仿能力特别强。英语教学中我会通过原版英文电影的介绍，激发学生的兴趣。适合她看的，我就会给她看，看完了我们会一起讨论。别人知道我的做法后，提出了两点质疑：1. 她看得懂吗？2. 一部电影大约两个小时，她感兴趣吗？事实胜于雄辩，我在她二、三年级时就给她看了《哈利波特》、《魔界》全集，她从两部电影中学到了很多英文表达。当你听到二、三年级的她谈到 professor（教授）、half-blood prince（混血王子）时，你也会不由得惊叹孩子的学习能力。

Facebook 的创始人马克·扎克伯格从 2010 年开始学中文，虽然他觉得很难，但他每天都在坚持用。他认为中国是特别伟大的国家，因此想通过学中文感受中国魅力。作为华人，当看到他 2014 年在清华大学进行全程中文的对话时，我们还有什么理由不让孩子继续保持我们中文的优势呢？基于这样的理念或者责任感、自豪感等可意会不可言传的情愫，我在教女儿学英语的同时，不曾放松她的中文学习，即便移民加拿大、她身处英语环境中之后也是如此。

我想，我已把我的这种理念和情愫传递给了女儿。

经常有朋友向我咨询："孩子作文写得不好，怎么办？""当然是创造条件，多读好书啊。"我说的好书，不是优秀学生作文集，我是强烈反对买优秀作文集给孩子参照的学习方法的。孩子学习模仿的一定要是最好的，即文学大家的作品，而同龄人的优秀作品自然有很大的局限。

也有家长抱怨孩子不喜欢读书，各种方法都用尽了。我反问他："你看书吗？"他摇头。看，这就是大多数家长的问题，总是期望孩子能这样，能那样，殊不知，要想孩子成为什么样的人，我们家长自己也要朝这个方向努力。在现代科技如此发达的社会，如何能使小孩子离开诱惑、远离喧嚣，对书籍，尤其是纸质书籍产生兴趣，不仅对教育工作者是挑战，对家长更是挑战。当父母唠唠叨叨逼着孩子读书的同时，请自问，你读书吗？当你限制孩子玩游戏和上网时，为什么还要把高档电子游戏类的机器当作生日和新年的礼物送给孩子呢？这些问题家长都思考过吗？

先纠正一个错误的观念，很多家长觉得爱读书是性格内向、气质安静的孩子的特质，如果孩子天性活泼好动，简直就与读书绝缘。我要说的是"能不能静下心来阅读，与性格无关"。

有一位家长，是国内一家上市公司的老总，志得意满的成功人士。他的女儿从别的老师那里转到我这里学习了 3 个月。因为我要求比较严格，她最初跟我学习的时候，有抵触情绪。后来的点滴进步，成绩提高的成就感，让她有了学习英语的兴趣。和家长谈孩子下一个阶段的目标时，我提出了下一步的要求：阅读英文书籍。谁知我的话音刚落，那位爸爸就把我否决了："我女儿的性格哪里是能静下心来阅读的，她坐不住的。"看来，实施阅读计划的最大障碍，其实是家长。

"动如脱兔，静若处子。"这两种特质是不矛盾的，可以在一个人身上集中体现。在我们尚未帮孩子建立起对阅读的兴趣时，父母就已经给孩子贴上了"不适合阅读"的标签。事实上，进入高年级，英语水平的比拼主要体现在阅读和写作水平上，提升它们最有效的途径便是阅读好书。

我一直坚持认为：孩子在最初是一个充满无限可能的个体，错误在于父母，尤其是那些自以为懂教育的父母。对成人的改造是极其困难的，而他们的错误往往耽误了孩子。

如何培养孩子的阅读兴趣？父母首先要做大量的工作，从茫茫书海中筛选自己孩子可能感兴趣的书，因为每个孩子都不同，而最了解他们的当属父母。刚开始可以亲子共读，形成习惯后，就可以独立阅读了。读过之后，父母如果能和他们一起讨论书中的内容，孩子会感到和父母紧密联系在一起，得到了积极的反馈，增加了阅读的快乐。Mina 喜欢沈石溪的动物小说，因为我在本科时主修的是生物学，我们在共读的过程中，我会把找到的一些关于动物常识性的错误告诉她，令她津津乐道——阅读的乐趣也包括纠错吧。看龙应台的《目送》，《卡夫卡》中写道："拉丁文叫千足虫 millipede，中文叫马陆，它不是蜈蚣，蜈蚣的拉丁文叫 centipede，两者都不是昆虫，而是节肢动物。"这也是典型的逻辑错误，因为昆虫属于节肢动物，在归类时不能相提并论。

孩子的阅读兴趣是随年龄的增长而发生变化的，幼儿阶段主要是绘本，比如《活了一百万次的猫》《爷爷总会有办法》；小学中低年级喜欢动物小说，校园生活，例如《神奇的校车》《笑猫日记》；小学中高年级喜欢科幻小说，例如《哈利波特》《猫武士》。到了中学，孩子的兴趣更加广泛，如果能适当引导，会更有效地促进英语语言和文学的学习，比如我经常会向学生推荐美国 College Board 列出的 100 本书目。

在 Mina 三年级的时候，我推荐她看了金庸的武侠小说。很多人不理解我为什么会鼓励孩子看武侠小说。武侠小说中的精品是文学宝库中的宝藏：第一，文中的诗词歌赋，提供古典文学的滋养；第二，侠义精神，是任何社会都不可或缺的。阿里巴巴集团的创始人马云曾经说过，自己受金庸武侠小说的影响颇大。当今社会，男孩子缺少男子汉气概，我觉得在成长过程中少了武侠小说的潜移默化是一个原因。虽然 Mina 是女孩，我也希望她是一位"女侠"：大气，包容，助人。

和爷爷一起读书

Mina 在纵览了金庸和梁羽生的作品后，总结如下："俩人都是描写多女追一男的情形，这是由当时的时代背景决定的——男权至上。结局大多是，男主角最终找到一生最爱。金庸笔下，其他女子不是死去，就是孤独终老。梁羽生笔下，其他女子还会与男主角相忘于江湖，有别的幸福的归宿。相比较而言，金庸对女人更残忍一些。"想想当初自己看的时候，都没做过如此深入的思考，孩子的认知能力远远超出了成人的想象。此外，她的这段描述，文采斐然，可以看出确实受到了金庸和梁羽生两位老先生的影响。

《猫武士》是 Mina 非常喜欢的系列，她经常在摘抄本上记不同猫武士的姓名、特点和图标。到了温哥华后，她在图书馆惊喜地找到了英文版，结合中文版阅读之后，她常常感叹：中文版的翻译好棒啊！既翻译出了神韵，有具有中文的韵律美。比如，Ice And Fire，翻译成了"寒冰烈火"；The Darkest Hour，翻译成了"力挽狂澜"，同时暗示了故事的结果。听到她的这番评论，我好开心——我不就是想让她成为精通双语的人才吗？你看，水到渠成！

临出国前的暑假，我要求她每天背诵两首古诗、两页英文单词，晚上检查。在这一过程中，我也收获颇丰，学习了一些以前没有背诵过的古诗，比如李白的七绝《山中与幽人对酌》："两人对酌山花开，一杯一杯复一杯。我欲醉眠卿且去，明朝有意抱琴来。"我重温了古典文学的魅力，这就是我一直强调的"和孩子一起成长"。

到了温哥华，开学第一天回家，曾经英语成绩名列前茅的她，沮丧地说"上课什么都听不懂"，她问我该怎么办。第二天，我们就去社区的图书馆办了借书卡，一个人一次可以借 25 本书。我们一口气拿了适合她等级的 24 本英文书。每天放学后，她都很开心地读，还把生词摘抄在笔记本上。仅仅 7 个月后，在 ESL 的升级考试中，她就从一级跳到了三级，特别是阅读和写作能力突出，这与她每天如饥似渴地阅读是分不开的。刚开始我和她约定，只能借英文书籍，在英语有了大幅度提升之后，我同意她可以借中文书。

十五、教孩子克服中西文化差异

◎兼容并包，思想自由。

> 加拿大这样一个移民国家，多元文化体现得淋漓尽致。跨文化交际难免会产生冲突，但为达到交际的目的，在不同文化交流过程中，交际双方要尊重对方的文化习俗，消除民族偏见，打破文化定势，坚持文化平等的原则，互相尊重。作为家长，在平常的言行中，要注意对孩子的影响。

我在教 SAT 的过程中，自己竟然越来越对 SAT 的阅读理解着迷。阅读材料中有大量文字是关于来自不同国家的移民在美国遭遇的文化冲突。*The Joy Luck Club*（《喜福会》，作者谭恩美）是我最喜欢分析的作品。四个性格迥异、命运不同的中国女性，背井离乡，移民美国。作为第一代的移民，她们虽然身在异乡，却仍是地地道道的中国女性。她们在美国出生的女儿，外表看来与母亲相似，却成长于不同的文化背景下，不得不亲身承受两种文化与价值观的冲撞。"对妈，我实在了解不多。"这是一句多么令人心痛的话。母女之间既有深沉执着的骨肉亲情，又有无可奈何的隔膜怨恨，既相互关心又相互伤害。这是第一代移民和第二代移民之间无法避免的文化冲突。因为生活在加拿大，我更能体会到那种如钟摆一般在东方与西方间游离和徘徊的困惑和失落，这永远都是一道文化的难题。

什么时候移民对孩子是最适合的？除了本书开篇讨论过的对学业上的影响外，还涉及孩子身份的确认。出生在加拿大的中国孩子，往往在长大后，会认为自己是加拿大人，而否认自己的中国文化特性。而小学和小学以后到加拿大生活的孩子，常常会感到文化冲击。

为了更好地理解中西方文化差异，我们和孩子一起观看了电影《刮痧》。这部电影拍摄于10多年前，它所体现的中西方文化的差异到今天仍然有现实意义。一个普通中国家庭在美国的遭遇，反映了中国传统文化在西方国家因为不被理解和认同所处的尴尬和无奈的境地。影片中爷爷痛惜地自问："刮痧在中国几千年了，到了美国怎么就说不清楚了呢？"在他眼中，刮痧这种治疗方法在中国那么普通，似乎美国人也理所当然地应该接受这一疗法，他们不理解应该是他们的问题。这便是跨文化交际中最容易犯的错误，即将自己的文化强加给另一种文化，用自己的行为方式为标准来评判对方的行为。看的过程中，女儿也困惑："西方人不理解我们的文化，难道我们无能为力吗？"

中国是重亲情的国家，在加拿大生活了一段时间，感叹加拿大人子女独立的同时，看到亲子关系疏离还是不免遗憾。我们的邻居，一位独居的西方人老太太，圣诞节女儿没来看望她，她遇到我发了很久的牢骚。先生的

温哥华市中心的中国城

美国波特兰的日本园——禅

一个朋友，38 岁，是 CBC（Canadian-born Chinese），曾和父母有过矛盾，成年以后就搬出父母的家自己住，好多年没有看过父母。他曾经说过让人大惊失色的话："也许他们要死的时候，我会回去看他们吧。"他也算是一个善良正直的人，作为中国移民的第二代，不会说中文的他，没有继承中华民族的优良传统——百善孝为先。

观看《刮痧》的过程中，泪点颇低的我被大同一家三代人之间浓浓的亲情感动落泪：父子情、夫妻情和祖孙情。但"法不容情"，大同的很多行为实际上触犯了美国法律，比如把孩子从福利院里"偷"出来。生活在一切都讲法律的西方社会里，虽然大同爱子心切，却拿不出证据来证明刮痧是中国的传统治疗法，无论他怎样用语言来表达他是多么爱自己的儿子，都打动不了法官的心，法律只需要证据。在这场文化较量过程中，我们看到了美国人是如何重视人权，他们用法律和社会机构来约束人们的行为，特别是对未成年人的保护是值得我们学习和借鉴的。

时代在进步，影片中大同在公共场合教育儿子的一幕，我觉得太夸张了：他叫丹尼斯给小朋友道歉，儿子不肯，他就当众给了儿子一巴掌。在当今的中国社会，这一行为也是不被接受的。影片中儿童福利院就是出于对丹尼斯的关心和保护，才不让被他们认为有虐待嫌疑的父母接近孩子。在美国，父母只是子女的监护人，不能对其有过分责骂，更不用说动手打人了。他们认为不论男女、不论年龄大小，每一个成员都是平等的，每一个成员都享有充分的民主和自由权利。尤其对于未成年人，他们更是通过一系列的法律来保护其平等权利。影片中医院里的医生一发现孩子背后的血痕，就马上通知法院起诉孩子的父亲，就足以说明这一点。在中国，孩子是家的孩子；在西方，孩子是国家的孩子。我一直都觉得，我们祖先所倡导的"老吾老，以及人之老；幼吾幼，以及人之幼"，西方社会比我们做得更好。

今年 5 月，我们生活的社区发生了一件骇人听闻的血案：一个华裔家庭，父亲因为家庭纠纷杀害了母亲，警察带走了父亲，孩子暂时由当地的儿童福利院抚养。这个孩子和我女儿就读于同一所学校，第二天，学校给每一位家长发了封信，目的是帮助家长如何向孩子解释发生在身边不幸的事情，如何避免孩子产生惊吓及其他不良情绪。从这里可以看出西方社会对孩子身心健康的重视。

　　对中国人来说是私事，用不着外人干涉，更与法律无关的事情，比如把孩子独自留在家里，夫妻在家打架，都触犯了法律。有些新移民因为不了解加拿大的法律，在懵懵懂懂之间就触犯了法律。一对夫妻发生口角，妻子一时生气，打911报警，丈夫被警察带走，后来竟然被禁止回家，妻子追悔莫及。

　　影片的最后，美国人最终了解了刮痧的原理，理解了血浓于水的亲情，让我们相信，只要努力，总会找到中西文化的融合点。Mina最初的疑惑也得到了解答。

　　加拿大这样一个移民国家，多元文化体现得淋漓尽致。跨文化交际难免会产生冲突，但为达到交际的目的，在不同文化交流过程中，交际双方要尊重对方的文化习俗，消除民族偏见，打破文化定势，坚持文化平等的原则，互相尊重。作为家长，在平常的言行中，要注意对孩子的影响。

十六、培育健康的亲子关系

◎用心点燃另一颗心，而不是敲打。

> 培养健康的亲子关系，对孩子的学习与成长都至关重要。家长应该努力营造一种和谐、温暖、有爱的家庭氛围，这样孩子就会乐观积极，充满自信地面对生活，同时适应能力也会提高，人际关系处理得也会很得当。

养育孩子最重要的两点：

1. 维护健康亲密的夫妻关系；
2. 让自己努力成为你希望孩子成为的那种人，而不是仅仅让孩子努力。

台湾作家吴念真谈到和儿子的关系时曾经说过："要当儿子的朋友……若有一天儿子失恋了，会跑回来抱着我们哭，那我们就成功了。果真，他初二第一次失恋，晚上两三点跑来我房间，抱着我痛哭。我一方面觉得很心疼，一方面也很高兴真的做到了。"看了这段话，我问 Mina："将来你失恋了，会抱着爸爸妈妈哭吗？"她很淡定地说："额，我现在怎么知道？还是最好不要失恋吧。"这就是我们母女日常的对话，什么都可以讨论，就像同龄人一样，了解对方真实的的想法。

我也常常惊叹女儿对我的了解。比如有一次圣诞节，老师派送的礼物是拼图，有不同规格的：200 片的、500 片的、1000 片的。她毫不犹豫地挑了最大的一盒——1000 片！回到家，我捧着拼图，面露喜色——我之前的记录是 250 块，看到 1000，激起了我的征服欲望。她在旁边看着我的脸色，淡然地

圣诞节期间我完成的拼图作品——《来自北方的狼》1000片

说:"就知道你喜欢最大的,所以我挑了这盒。你可不能让我失望哦。"我故作镇定,感激她挑礼物时还考虑我。从圣诞节起,我的闲暇时光就贡献给了此拼图上的"三匹来自北方的狼"。其实难度并非来自令人胆寒的恶狼,而在于茫茫雪原,没有颜色对比,完全靠形状的吻合。整整一个月,我牺牲了所有的空闲时间:牺牲了美剧,牺牲了睡眠,每天埋头苦干,终于完美收官——最后的作品栩栩如生,颇具观赏价值,真与之前所拼的"小儿科"拼图不在一个世纪。我专门购置了画框,挂在客厅,成为绝美的装饰画。感谢女儿,很了解我,给我机会挑战了自己,并让我感受到平凡生活中的惊喜。

有一次,老师布置的作文是"My Mother",Mina 在文章中写到:My mother is a very strong woman. 我问她:"你的 strong 是肌肉强健的意思吗?"她回答:"不是,就是女汉子,什么都能自己搞定。"我心里真是又开心地唱起了歌。

教师罢工的岁月,来找我补

课的学生特别多,我像一个陀螺一样围着别人的孩子转,Mina 怎么办呢?我说:"你自己制订一个学习计划吧。从 10 点到下午 3 点,就像上学一样。"她就做了一个日程表,英语、语文、数学,安排得井井有条。中午还承担了洗碗的任务。特别让我吃惊的是,如果有同学打电话约她去玩,她一定让他们等到 3 点后,再一起出去。自律,不正是我们希望孩子具有的特质吗?

说起"维护健康亲密的夫妻关系",我和她爸爸做得并不够好。两个人都是火爆脾气,常常为一点儿小事争吵,争吵之后又很快和好。这一点对孩子的脾气也有一定的影响。我也常常反省,告诫自己要克制。

亲密的母女

十七、温哥华的"陪读妈妈"

◎这份沉重的母爱何处安放？

> 曾经读到过这样一段话："三文鱼从淡水游向大海是一个成长的过程，从大海洄游是在完成一个使命，一个以生命为代价的延续后代的使命。这可以看成是一种生物进化的自然选择，也可以看成是生命延续过程中所蕴含的一种本能的自我牺牲。温哥华的陪读妈妈们似乎便是循着这样一个轨迹，完成着一个生命对另一个生命的承诺。"我曾用"惨烈"形容过三文鱼的洄游，看到这段话的时候，心中便不由得浮现"壮士断腕——悲壮"的慨叹。

在温哥华，陪读妈妈是一个不小的群体，当初移民，大多数中国家庭考虑最多的是孩子的教育。但是，移民之后能否在移民国找到合适的工作、找到生意上的机会，继续维持高品质的物质生活，却是一个非常现实的问题。反复权衡利弊之后，很多家庭选择了妈妈陪孩子在国外读书、爸爸留守国内提供经济来源的"中国式移民"的生活方式。

我教的学生大部分来自这样的家庭，这是一种纠结且无奈的选择。人到中年，大多数在国内有了比较好的事业，全部放弃这些资本，到另外一个国家开辟新生活，那的确是需要很大的勇气的。到了加拿大后，没有当地教育背景、没有当地工作经验，找到专业工作的可能性很小，往往会从一些没有技术含量的工作做起，比如超市收银员、餐厅服务员，心理落差会很大。

加拿大的假日多，几乎每个月都有三天的长周末，学校经常还有教师的专业发展研讨日,当天孩子不用上学,这样连起来会休息四天。这样长的时间里,孩子不能无所事事,吃苦受累的是各位妈妈,她们必须为孩子精心安排假日活动:游泳、滑冰、滑雪等户外运动,足球、篮球、冰球等数不胜数的球类体育运动,舞蹈、美术、钢琴等丰富多彩的艺术课程,还有童子军、青年军、义工等等。妈妈们既是运筹帷幄的CEO,又是奔波劳顿的专职司机,如果有几个孩子,真是疲于奔命了。

体力的疲乏是容易恢复的,精神的疲乏则令人抓狂,尤其是青春期孩子的教育。有人把90后、00后的新兴人类叫作me generation,自我的一代人,高度标榜自我价值、自我意识、自我利益、自我中心。在温哥华,这些孩子有太多时间和空间去发挥自我意识,让叛逆的岩浆隔三差五地喷涌而出。

中国的教育理念主张经验教育,我们总想把自己的经验告诉孩子,少走弯路、少犯错;西方则主张探索教育,让孩子去碰壁、走弯路,自己去认识发现生活的真谛,寻找适合自己的道路。这就导致他们的自我意识一定会和我们对生活的判断大相径庭。这个时候,妈妈的说教和孩子强烈的自我成长意识就成为冲突的根源。我自己的女儿"青春期的反叛"已经初露端倪,还有妈妈经

Granville Island 格兰维尔岛的海景

常向我哭诉和孩子战斗的"血泪史"。

在长期的"孤军奋战"中,有的妈妈觉得自己为孩子牺牲那么多,希望得到孩子的理解,哪怕仅是每日几句亲昵的话。而在孩子的角度看,他们觉得自己已经长大,再和小时候一样"黏"着妈妈,有点儿肉麻,刻意和妈妈保持距离。这就成了一种拉锯战,一方要靠近,一方要逃离,母子之间原本应该亲昵的关系慢慢变成了一个像钱钟书笔下那样的围城,双方均苦恼不堪。

当我的学生 R,一个 18 岁的大男孩,在我面前潸然泪下,而他的母亲在空荡荡的家里暗自垂泪之时,谁又能说他们错了呢?母亲是贤妻良母,全副身心都在孩子身上——不知不觉失去了自我;孩子则感觉压力很大,深恨自己的苦闷没有人理解。母亲希望了解孩子每分每秒的行踪,孩子则拼命试图摆脱母爱的"魔掌",爱便成了枷锁。"衔玉而生"的幸运儿,本可以不考虑经济因素,自由追求想要的生活,他却对我说,宁愿出生寒门,不受这爱的束缚。母子二人都在我面前倾诉,每当此时,我眼前的二人,便幻化成千千万万在温哥华生活的母子、母女。

每年 6 月都是一个决定人生走向的时刻。在国内,十二年磨一剑的孩子们完成了高考这最后一搏。在温哥华,中学 12 年级的孩子都已拿到各个大学的录取通知,算是尘埃落定了。

当初,为了孩子的教育,这些职场中的"白骨精"不得不放下一切,陪着孩子毅然决然地来到温哥华,一切归零,重新开始。"一年大苦,二年小苦,三年不苦。"终于渐渐适应了温哥华的生活。孩子的人生将翻开新的一页,父母的眼睛里和心里则充满了期待和盼望。但是,那些舍弃国内的一切来到这里的陪读妈妈们,在这功德圆满的一刻却去意彷徨:回到国内去,还是继续留在这里?这是一个艰难的抉择。

陪读妈妈在温哥华生活多年以后,她们开始适应这里悠然的生活节奏,适应这里的宽松、宁静的生活氛围,甚至开始适应自己"洗手做羹汤",烤蛋糕、做面点,而不是动辄就去饭店大快朵颐。她们不再是美容院的常客,而是开始喜欢户外运动,风雨无阻。和国内曾经的同事、同学的话题越来越少,看着群里面他们的热烈讨论,自己仿佛已置身世外,有点儿插不上话了。渐行渐远的不只是曾经的朋友圈，更是一种生活方式。但是当她们已经和这里的生活逐渐相融的时候，却是到了又一次说再见的时候。当年来温哥华是为了孩子，现在回流则是为了家的完整。还有一些已经在温哥华初步建立事业的妈妈，这又一次的放弃何尝不是一份心中难平的纠结？回到国内又是一次重新起航的过程。

回流，与当年出国时的决断一样，又是一次壮士断腕般的抉择。

走进这边风景

与中国一样,加拿大同样拥有辽阔的疆土、丰富的资源与美丽的风景。枫叶的火红让我们想到中国五星红旗的底色,蕴涵于"啊加拿大!我们的家园与故土!你的儿女,忠诚爱国。雄心万丈,国势昌盛,强大、自由的北方之邦"中的骄傲与"起来／不愿做奴隶的人们／把我们的血肉／筑成我们新的长城……"中的豪壮具有同样的爱国赤诚。

一、加拿大与中国的不同

◎同异共存，世界才更精彩。

> 加拿大是一个美丽的国度，中国也是；加拿大人民是勤劳善良的，中国人民也是，这是主流。然而，不可否认的是，两个国家有着明显的不同，从社会、政治、经济制度到国民的世界观、人生观、文化习俗都有着很大甚至本质的区别。似乎，这也是主流。同样的地大物博孕育了同样璀璨的文明，不同的风土人情催生了不同的人生色调，每一种文明都值得亲近，每一种色调都值得渲染——这，也是主流。支流呢？需要我们用心去仔细发现，深刻体味。

1. 土地与农业

Canada（加拿大）这个名字来源于原住民的语言，从"Kanata"演变而来，意思是"村落"或"聚居地"。历史上，英国和西班牙航海家在 18 世纪到达太平洋沿岸。1792 年，英国探险家 George Vancouver（乔治·温哥华）来到这里，今天的温哥华岛和温哥华，就是以他的姓氏命名。此外，也有其他欧洲探险家从陆路及河流来到太平洋沿岸地区，其中一人名叫 Simon Fraser（西蒙·菲莎），Fraser River（菲莎河）因此而得名。1857 年，菲莎河发现黄金，吸引了成千上万的人蜂拥而至来 BC 省淘金。

"地广人稀"是对加拿大最准确的描述。加拿大是一个资源非常丰富、人口稀少的国家。从土地资源来说，是中国完全无法相比的。加拿大多数的土地都还处于原始未开发状态，即使在城区，也可以看到到处是大块的草地或是长满灌木丛的山坡。除了这些天然的空地，温哥华这座城市还拥有上百座公园，所以这里也被叫作"温村"。加拿大虽只有5%的农民，却是世界上主要的粮食出口国之一。加拿大被开垦出来的土地，都是真正肥沃的黑土地，黑而松软，是诗歌里说的"肥得流油"的土地。

加拿大在整个农业生产过程中，非常注重农业资源特别是土地资源的利用与保护工作。目的是在保证农业可持续发展的同时，保护并提高生态环境质量。这项任务涉及面非常广，涵盖了自然、社会及经济等各个方面的问题。多学科的协作攻关在加拿大的农业资源管理中发挥了巨大作用，为加拿大农业、资源、环境的协调发展开辟了道路。

随着食品安全意识的提高，消费者对有机食品的需求量日益增加，加拿大有机食品已成为食品工业中发展最快的一个部分，以每年12%到14%的速度迅速递增。有机农场中种植各种有机食品和养殖畜禽，时常有中、小学生前来参观、劳动，了解有机食品的生产过程，从小接受有机食品和健康饮食、资源保护和人类环境等基本教育。

在国内，我经常会口腔溃疡，到加拿大后，没有额外补充任何维生素，口腔溃疡却不再困扰我了。我想，可能的原因有两点，国内的蔬菜水果营养素含量较低，或者是因为国内食品的化学污染。在中国，土地已经被耕种了几千年，在最近的几十年，为了养活日益增长的人口，土地更是超负荷的运作，被施放各种各样的化肥和农药。中国大片的土地已经被榨干了养分，变成了随风飞扬的黄土；有的土地已经被化学肥料严重盐碱化，变成了土疙瘩，只有勤劳的农民还在用锄头敲打着这些像石头一样冰冷坚硬的土地，用更多的化肥去催生更多的粮食。就这样恶性循环，土地质量每况愈下。更有甚者，工业污水含有各种有害的重金属，渗入到泥土中，导致我们吃的大米、蔬菜、水果都可能含有或多或少的重金属，并在人体逐渐累积，引发不可逆的伤害。

每当漫步在加拿大的黑土地上，我就会痛惜中国几千年来一直在默默奉献、从未休息的土地。它是不可再生的资源，是我们维系生命之根，而我们却为了一时的经济利益，有意无意地、深深地伤害了和伤害着它。

其实，世界范围内，早有很多人意识到化学农业的不可持续性与严重弊端。美国、日本等发达国家，因为比较早地实现了农业工业化，都曾发生过食品安全问题。现在，生态文明、生态农业被很多国家倡导，其中一种模式是CSA模式农场。

CSA 是 Community Supported Agriculture（社区支持农业）的简称，于 20 世纪六七十年代起源于德国、瑞士和日本，是消费者为了寻找安全的食物，与那些希望生产有机食品并建立稳定客源的农民达成供需协议，消费者以会员形式提前支付费用，农民进行生产，提供新鲜安全的当季农产品。用户可参与劳动，亲手种植、采摘、收获，或者农场直接运送给客户。CSA 强调消费者与农民直接联系，是实现利益共享、风险共担的双赢模式。消费者以合理的价格得到安全食品，农民预先得到收入，可以用这笔费用涵养水土、进行生产，摆脱工业化农业生产用高投入农药化肥来追求高产以保证效益而不顾食品安全与环境破坏的恶性循环。

我的一位大学同窗正在北京郊区经营着这样一个农场，也是因为她，我才了解了更多中国农业发展方面的信息。2011 年，我离开北京的时候，农场

勤劳的小园丁

刚刚起步，曾经吃过她送的农场自产的蔬菜：那是长在大地上健康的蔬菜，植株茁壮，叶片浓绿厚实，味道浓郁。尤其是西红柿，又大又红，闻起来那特有的清香非常诱人——从此，我掌握了一种买西红柿的妙法，靠闻来辨别质量的好坏。3年之后，她的农场风生水起，在北京颇有名气。真希望有更多热爱土地、热爱自然的人投身到这项事业中，让中国人都吃上放心的食品。

2014年的春天，听说Richmond United Church后面，有一块地可以承包，我和Mina就承包了一块，主要想让孩子体会一下田园耕种的乐趣。买种子、翻地、播种、浇水，每周去查看蔬菜的长势，乐在其中。后来因为暑假回国了一个月，回来时地里杂草丛生。回来要做的第一件事情，就是除草。说起来很丢脸，作为本科学习生物的我，居然分不清哪些是草，哪些是苗，糊里糊涂，指导孩子除草。后来，孩子问我，不是种了胡萝卜吗？怎么没有出苗呢？仔细回忆，原来我们把胡萝卜当草给除掉了。到了秋天，这块地最大的收获就是南瓜，黄澄澄的，在万圣节做成了南瓜灯，也不枉我们辛苦一场。

2. 水、电资源

加拿大水资源非常丰富，世界上最大的淡水资源五大湖就在北美。加拿大湖泊面积占国土面积的7.6%、湿地占14%；同时，加拿大人口只有3000多万，因此，其人均拥有水量位居世界前列。由于水资源丰富，长期以来加拿大水价较低，而且水质好，自来水可以直接饮用。加拿大在淡水资源上占尽天时地利，政府却通过"加拿大联邦水政策"，高效地利用和管理水资源，控制污染。在加拿大许多公共场所的洗手间内都采用了含感应技术的节能型水龙头，并加强对供水设备的检修。所以，在这里我没有看到过因设备故障而出现水哗哗流的浪费现象。

这样一个水资源大国，还在倡导节约用水，防患于未然，令人心生感慨。2011年，我带学生在多伦多附近的Bark Lake营地参加野营活动时，工作人员要求我们节约营地的用水，印象特别深刻的是：要求尽量减少淋浴次数，每次淋浴的时间不要超过 5 分钟。

中国国土辽阔，水资源也很丰富，但是由于人口众多，人均水资源拥有量仅为加拿大人均的 1/50。尽管"节约用水"从政策层面上是在大力倡导，然而，人们却普遍缺乏节水意识。公共场所很少见到节水型的水龙头，水龙头坏了，常会出现沧海横流的恐怖场面。最近几年，工业废水大量排入江湖河流，对环境造成了灾难性的后果。好多原来清澈的河流变得臭不可闻，一些水源严重污染的村庄，村民被各种疾病甚至癌症缠身。我有切身感受的是"太湖蓝藻爆发"事件。2007 年，北京奥运会开幕在即，无锡太湖蓝藻爆发，导致全城停水几天。此事在国际上也造成了很大的影响。蓝藻的爆发是因为排放到太湖中的工业废水、生活污水，富含有机盐。直到今天，尽管环保部门一直在治理，每到夏季，漫步太湖边，仍然看得到如油漆一般的蓝藻，闻到那刺鼻的味道。

《太湖美》是一首在江南家喻户晓的歌曲：

太湖美呀太湖美
美就美在太湖水
水上有白帆哪
啊水下有红菱哪
啊水边芦苇青
水底鱼虾肥
湖水织出灌溉网
稻香果香绕湖飞
……

唱着老歌，含着热泪，曾经的美景，因为工业化、城市化，只留在了人们的记忆中。

加拿大的电力资源很丰富，从夜行的飞机上俯视任何一个城市，都会看到灯火辉煌的不夜城。城市里，从办公楼到街道，到居民楼道，灯都是彻夜不

海边展示的叠石头技艺，令人惊叹

灭的。初到加拿大时，从小被教育要"随手关灯"的我感到很奇怪，觉得太浪费。关门后的商店和办公楼依然灯火通明；我住的公寓楼道和一楼大厅里的灯白天黑夜都亮着；我们公寓旁边的中学，无论白天、夜晚都亮着灯。后来我查了资料才发现，加拿大的电力供应以丰富的水能资源和燃料资源为基础，年发电量居世界第四位，人均发电量居世界首位。水电在加拿大占有重要的地位，给当地的工业提供了能源。目前全国的电力有 70% 以上来自水电，还有多余的电力输送到美国。此外，夜晚的明灯也是安全的保障，这可能也是生活在加拿大感觉安全的一个因素。

中国目前的能源结构是受制于水资源的制约，水电、煤电、核电都与水资源有关。水资源不足，自然电力供应不足，尤其到了夏季，生产生活更需要电的时候，常常出现"电荒"。水电开发对环境、对气候的影响，在中国一直没有停止。值得欣慰的是，我们终于看到，近几年，环保意识对高层决策的影响已经显现，水电项目批复计划大大减缓。改变虽缓，不过终究是来了。

3. 公共设施

加拿大是一个高税收的国家，取之于民，用之于民，良好的公共设施，为居民的生活提供全方位的服务。比如，图书馆、孩子们的游乐设施、社区服务中心、医院。

　　Mina 最喜欢去的就是图书馆。因为学校的作业不多，所以她在放学以后，常常约上同学在图书馆看书，到吃晚饭的时间再回家。

　　在温哥华，公共图书馆一共有 22 间分馆，分布稠密，方便市民。馆里不仅有书籍、杂志、报纸，还有录像带、录音带、DVD、CD 和微缩胶卷，藏品非常丰富，免费对所有人开放。

　　前往温哥华公共图书馆的任何一个分馆，都可以申请办理借书证。首先填写申请表格，然后出示身份证明（所有的身份证明都必须是正本，要求附有姓名、签名及目前住址）。通常接纳的个人身份证明是：卑诗省驾照和枫叶卡。要是没有上述证明，就必须在下面两组列表中各选一项身份证明提供给馆方，要求其中一项证明必须有你的签名，另一项证明必须有你目前的住址。

　　其他个人身份证明：信用卡、银行卡、卑诗省医疗卡、出生证明、护照、社会保险卡、支票兑现卡、学生证、大学邻舍协会小区服务卡。住址的证明文件：车辆登记文件、出租合约、个人支票、银行月结单、水电费帐单、附有目前邮戳的个人信件。

　　借书证的设计很人性化，每个人可以拿到一大一小两个卡，小的可以挂在钥匙扣上，方便携带。有时经过图书馆时，我就会顺便借两本书回家，因为小卡是随时和钥匙放在一起的，不会忘记带。

　　图书馆的设施先进，全部设有自助的借、还书柜台，根本不用排队等候工作人员。只要把借书证

温哥华图书馆，建筑风格似古罗马剧场

插入机器，扫描书上的条码即可，结束后机器会自动打印一份详细清单，提示每本书的到期日。书籍到期的前几天，图书馆会发电子邮件，提醒归还图书。如果想续借，后面又没有人预订这本书的话，便可以从网上续借，每本书最多可以续借两次。

温哥华图书馆最方便的地方是联网服务，从一个图书馆借阅的书籍等，可以在任意一个图书馆归还。此外，网上还有预订服务，用自己的借书证号码上网登录后，找到需要的书，然后要求送到指定的一个图书馆，自己可以去取。

作为社区一个重要的活动中心，除了提供书籍借阅之外，图书馆的多元文化部（Multicultural Services）还举办各种类型的文化活动，如儿童故事时间，就业指导讲座，升学指导讲座，电脑、互联网入门讲座等。很多图书馆还提供有特殊服务，照顾残疾人士。例如，提供失明者使用的发声读物（talking book）。

刚来加拿大不久，我们参加了图书馆的一个宣传活动——垃圾的分类处理，让孩子更清楚地了解了分类规则。相对而言，住独立屋比住公寓有更严格的规定。加拿大的城镇一般每星期收集垃圾一次，厨余垃圾（如水果核、蔬菜残渣、蛋壳、茶包、咖啡渣等）要放在有绿桶标贴Green Can的垃圾桶内；蓝色塑料袋用来装报纸书刊的；黄色塑料袋用来装纸盒（盒子必须压扁）；各种容器，一般放在蓝色的塑料箱中。

Terra Nova 公园里新颖别致的滑梯

一次，我在图书馆看到了RCMS（Richmond Multicultural Community Services）工作人员的宣传展台，我向他们提供了联系方式。后来，只要有合适的讲座，他们都会发信息或者打电话给我。从此，我开始逐步了解这里的志愿者活动，并一步步加入，为社区做出自己的贡献。

在加拿大，无论大小城市，星罗棋布的社区公园里到处都是孩子们的乐园，散布着各种各样的儿童游乐设施。来自各国的孩子们在晚饭后，在周末，聚集在这里尽情嬉戏玩耍。2014年，我们生活的Richmond市很受欢迎的看夕阳、看飞机的公园——Terra Nova新添了一个耗资100万元的儿童游乐场。这个占地一公顷的游乐场，为孩子们量身打造了多种创新设施，包括有围墙的草地迷宫、农场风格的玩水和玩沙游乐区，模仿沙滩原木、可以攀爬的树桥，35米长、可和朋友比赛的滑索，4个平台的树屋以及高空绳索走道等等。这个游乐场的设计风格力求与此地原有的遗迹搭配，显得更自然贴切，浑然一体，大量的材料都由木头完成。整个公园的设计过程中，列治文的一些学生也提供了不少想法和创意。

加拿大的社区运动健身设施也非常值得赞赏。这一点，就是富裕的美国也相形见绌。加拿大城市几乎在每个社区都有足球场、网球场、游泳池为社区居民提供服务。在国内，我一直都很喜欢运动，所以生活在加拿大，如鱼得水。我最喜欢的运动是游泳，我们目前居住的公寓就有游泳池。很多时候整个游泳池里就我们一家三口，就像在享受私家游泳池。

4. 社会保障系统

十多年前，有一个故事流传很广。一位美国老太太一生都以贷款提前消费，临死前刚好把贷款还清，而一位中国老太太，天天省吃俭用，存钱准备以后享用，存到足够钱的时候，她得病去世了。这两位老太太在天堂见面后，彼此交换心得。中国老太太说："还是你聪明，哪像我，苦了一辈子。"

人们总是倾向于批判中国老太太落后的消费观念，却没考虑过深层次的原因。20世纪90年代以后，中国经济持续发展，到如今GDP居世界第二，但是，由于人口基数太大等原因，福利制度和保障系统没有跟上发展。中国人爱存钱，省吃俭用，其实大部分是为了投资医疗和教育。

在社会保障系统方面，加拿大已经非常成熟完善了。加拿大政府通过税收调节收入，控制贫富悬殊；建立了覆盖全民的免费医疗系统和教育系统。加拿大联邦实行累进税率，各省的税率不同，大约在10%。

在加拿大，收入很高的人并不是越来越富有，税收将他们很大一部分收入再分配给了穷人。穷人享受很多补贴，收入少，他们几乎不用缴税，孩子每月有牛奶金，大人有住房补贴，年终退税。虽然可供支配的钱不多，但是，基本生活没有问题，全家有医疗保险，孩子教育免费。穷人虽然穷，但活得有尊严，很开心。

另外，作为一个移民国家，加拿大政府在为移民扫除语言就业障碍、接受加拿大教育方面做了相当大的财政投入。我们家就曾受惠于针对新移民的 CIIP 计划，和免费 ESL 语言学习计划。

加拿大实行覆盖全民的社会保障制度，国家所承担的保障和服务可分为三种：保证最低收入的项目、减轻个人经济不安定的项目（失业保险、养老金和医疗保健）、为所有社会成员提供广泛的社会服务。

虽然都是资本主义国家，但是，在政策福利上加拿大和美国还有区别的。比如，美国作为高度发达的资本主义国家，却没有全民公费医疗，美国有三千万穷人买不起医疗保险，健康没有保障。不收费的全民医疗制度比起有钱才能接受医疗的制度，是社会保障模式上最大的进步。

目前中国大城市发展极快，从城市建筑、现代化速度等方面，与发达国家已经没有多少距离，然而，在社会福利方面，中国正处于起步阶段，而且很不健全。

当然，加拿大的社会制度带来一些明显的弊端，高福利养了一批不劳而获的懒人。这些人不愿意工作，全靠政府养着。他们往往是上半个月抽烟、喝酒，将政府给的钱挥霍一空，下半个月则勒紧腰带生活。

加拿大的养老制度，从一个人工作、缴税开始，就有养老金的额度。一般来说，日积月累，几十年下来，到退休时，一般的养老金都能达到一笔很大的数目。只要在加拿大住满10年，65岁以后每月都有由政府发放的养老补贴。对于老人来说，即使一辈子没有工作过，基本生活并不是问题。

在加拿大，老人可以单独居住，也可以进入养老院。养老院的概念与我们国内完全是两回事，加拿大的养老院建在交通方便、风景如画的地方，设施齐全，有餐厅、健身房、游泳池，并配备专业护士。

5. 人与人的相处

在加拿大，你可以非常明显地体会到来自人们之间普遍的善意和信任。我先生曾经在深夜的温哥华天车换乘站迷过路，素不相识的几个外国年轻人将他送到了正确的站台，让他赶上了最后一班回家的天车。这个经历，对于当今中国相互之间充满戒备心的都市人来说，简直就是天方夜谭；或者对于临近的美国人，他们也只有羡慕的份儿了。

温哥华美术馆

舞蹈家金星认为最舒适的生活是"走到哪儿都不欠别人，更不用看别人的脸色。抬头没有领导，只有老天爷"。我非常认同她这句话，这就是我在加拿大的生活。

诚信是加拿大社会的基石。你不和加拿大人打交道，便无法体会他们对诚信的理解。有一次我到 TD 银行存钱，之前我并没有数钱的总数目。接待我的是一个西方人女孩，她帮我数好后，存入账户，我就回家了。回到家，我接到银行打来的电话，说存钱的数目有问题。当我惴惴不安地来到银行时，他们告诉我，当时少给我数了 100 元，现在已经加在我的账户里了。我当时的心情无法形容，回忆起在国内银行自动取款机上取出假币，银行拒不承认假币来自取款机、拒绝赔偿的经历，不由得感慨万端。我爱我的祖国，永远都爱，但唯其如此，我才希望她好一些，更好一些。

二手商品的交易，在加拿大非常普遍，理念是物尽其用，所以有时卖家甚至是白送。我曾经有过几次买二手商品的经历。第一次是钢琴，我在西方人经常发布信息的网站上找到这架二手钢琴的信息。发布信息的是一位优雅的西方人老太太，在她家看过钢琴后，我觉得挺满意的。古典钢琴，保养得很好，才开价250元。我随口问了一句，可不可以再便宜一点儿？她爽快地答应200元，让我大吃一惊。第二次，去搬运钢琴，老太太告诉我，这架钢琴陪伴他们一家人几十年了，她弹了孩子弹，现在因为要搬家，所以出售，希望我能好好保养，物尽其用。她的邻居告诉我，她是一位律师，经常免费帮穷人打官司。老人不在乎钱，在乎的是自己喜欢的东西能够被买的人珍惜。这是一次愉快的经历。

后来需要一台打印机，尝试着在华人常交流的网站上和卖家联系。根据他提供的信息，我同意以他提出的80元的价格交易，并约定第二天中午开车自取。第二天，约定的时间快要到了，突然接到他的电话，说打印机不包括数据连接线，数据连接线是他另外掏钱买的。我心里开始有些不悦，因为之前花了挺长时间交流，心想，不包括就算了，自己花钱再买吧。后来，正当我准备出门取货时，他又来电话了，说他的妹妹要这个打印机，所以不卖了（我估计是别人给了更高的价格）。我简直难以理解，对华人来说，诚信就值80元吗？或者说，你就缺80元吗？或许，我遇到的仅是个例，但我仍然希望这样的个例不再发生，不曾发生。

和西方人相处，是一件非常简单、愉快的事情。他们特别看重两件事：自由和隐私。在加拿大，年龄、工资、病历、性取向、婚姻状况、宗教信仰都是隐私。走在街道上，身边的西方人一定会和你保持距离，加拿大称为"隐私距离"；在银行的自动柜员机前面，身后的加拿大人一定会离你很远，你的隐私可以得到最好的保护。任何人，未经你本人授权，绝对看不到你的个人资料。他们对隐私的尊重，让你觉得非常安全，和他们相处非常放心。在公共场所他们都会低声说话，一是为了保护自己的隐私，二是为了尊重别人，不让自己的声音打扰到别人。相对而言，中国人对隐私的概念相当淡薄，所以相互之间询问年龄、工资、婚姻状况，在公共场合大声喧哗，都觉得理所当然，根本不知道或不在乎是否在无意之中冒犯了别人。

一般来说，西方人没有保存东西的习惯，一些东西，只要他们认为没有用，就会丢掉，他们丢的时候会很仔细地区分，比如其他人能用的，他们就会把它放在路旁，而且一定是洗得非常干净，让人拿去就能用。我经常可以在路边看到保养良好的电器、家具，供人挑选自取。很多刚刚定居的华人，家里的家具都是用这种方式得到的。路边还有一种 Donation box（捐赠箱），里面是人们捐赠的书籍、玩具、衣服等，体现了"物尽其用"。

最后一点，就是对待金钱的态度。在加拿大，无论你是公司职员、公务员、医生、律师，每个人都辛勤工作，每一个加元都是自己的劳动果实，没有什么人有特殊的待遇，包括政府官员。所以他们对钱的态度非常明确：夫妻之间，兄弟姐妹之间，金钱问题绝不含糊，"亲兄弟，明算账"。

6. 加拿大公办学校与国内公办学校

雅思考试写作有一道传统的题目——"公办学校和私立学校的优势和劣势比较"，在国内教学时，每次讲到这道题，我都会特别提醒学生：国内外的情况不一样，一定要因地制宜。如果你用对国内公立中学的理解去看加拿大的公立中学，可能会产生迷惑，甚至走向误区。

就办学目的而言，国内的公立中学，特别是高中，主要以培养学生考上大学为目的。加拿大的公立中学呢，其宗旨是培养社会的合格公民，可以是医生、律师、大学教授等社会精英，也可以是司机、木匠、水管工等普通公民，谁也不比谁"高端、大气和上档次"，人人生来平等。

办学目的的不同，直接带来的结果就是教学方式上的区别。

Mina 在 UBC 贝蒂生物多样性博物馆参加实验项目

国内公立学校尤其是高中，是通往大学的"独木桥"，所以一切教学活动围绕着高考这根指挥棒来进行，因此，国内教育又被称为"应试教育"。体育、美术、音乐等"素质教育的课程"，随着年级的增长，逐渐销声匿迹。加拿大的公立中学里，炒菜做饭、木工、裁缝、修理工的课都有开设。高中毕业之后，学生虽然不能说是"十八般武艺，样样精通"，至少都有比较强的动手能力和生存技能。

说到义务教育，加拿大的中小学教育是强制性的，不上学违法。所以他们的公立中学里除了身体与智力正常的学生之外，还有一些在我们看来根本就没有办法上学，在这里称为"有特殊需要的学生"。他们可能失明、失聪，或身患其他残疾，还有可能因为学习障碍而需要帮助。他们上不了大课，学校会安排老师单独教他（她）。中国的义务教育包含小学和初中，可是仍然有那么多孩子从小学或初中辍学，谁该为他们未完成的义务教育负责呢？至于"有特殊需要的学生"，中国的公立学校多会以各种理由拒绝招收。

加拿大的公立学校实行严格的"划片归口、就近入学"原则。在加拿大，一律按家庭地址，该上哪所学校就上哪所学校。这里的家长，高高兴兴地把孩子送进社区对口的学校。

加拿大的政府分为三级：联邦政府、省政府、地方自治政府，公立教育归省里管。省里设有教育局，全局把握全省的公立学校，与学校所在的市没有直接关系，经费也全部来自省财政。

为了方便管理，省教育局把全省地图分成若干"学区"（School District），所有学区编上号，每个学区内设一个分支管理机构——"学校局"（School board），管理学区内的公立中小学校。比如我们住的列治文市，就被划为BC省的第38学区，而温哥华市则被划成了第39学区。

在学区内，所有学校包括校长在内的管理人员，都是学校局派去的，负责学校里的行政管理事务。而省内所有公校的老师，原则上都是教育局的雇员，工资由局里发，至于他（她）教课的那所学校，只是他（她）工作的场所而已，而且，几年之后会轮换到其他学校。

加拿大公立学校这个模式，避免了不同地区之间的学校出现贫富差距的现象，因为教育开支不来自地方财政，而是全部由省里支出。各所学校之间除了规模上略有差异外，其他的软硬件条件，如校舍、设施、师资力量等，差异很小。像国内那种重点学校的教育资源明显优于普通学校的现象，在加拿大不会出现，因为教育资源的各种权限、包括师资力量的雇佣权与调配权，全在教育局或者学校局手中握着，学校做不了主。省内所有公立学校的老师都属于一个单位（省教育局）的同事，而且他们还有自己的工会——教师联合会，所以各所学校的老师们在工作以及保护自身权益方面都会保持步调一致，比如说罢工。所以，有不少华人家长很是怀念国内的老师，加班加点批改作业，给需要帮助的学生补课，主动就孩子的问题与家长联系等等。

这样看来，孩子上不同的公立学校能有多大区别呢？但是，华人家长特别迷信一份榜单：温哥华的菲沙研究所（Fraser Institute）每年都会对 BC 省及育空地区的中小学搞一次排名。尽管 BC 省教育局不认可这个排行榜，但是，华人家长们比对着这份榜单，纷纷涌向加拿大的"名校"。进加拿大的公立学校既不凭关系，也不凭赞助费，连成绩都不考虑。想进某所学校，唯一的方式就是得把家安在那所学校归口的区域内。即便如此，花钱买房或是租房后，也未必能进得了心目中的那所"名校"。因为排队等着入学的人太多了，而在加

放学了，在操场上打雪仗

拿大每间学校能容纳学生的人数是有严格限制的。遇到没有空位的情况，学校局会把学生安排到另一所本不属于这个校区的公立学校去，也许，等半年、一年以后，运气好的话就排到了。

深入分析菲沙研究所的排行榜会发现，学校的差异，其实主要是学生家庭背景的差异。排行榜上的"好学校"，父母多是知识分子、财富精英，如医生、律师、大学教授等。家长普遍对孩子期望比较高，希望孩子将来上大学甚至上名牌大学。而排行榜上的"差学校"，父母则是普通的市民、蓝领工人、服务人员的比例高一些，对孩子的希望是高中毕业，挣钱养家，快乐地生活。而对青少年来说，这一特殊的成长阶段，对他们影响最大的是朋友，如果和他们一起学习的人都是好学上进、追求更高目标的，自然会有潜移默化的影响。"近朱者赤，近墨者黑"，"好学校"的影响主要体现在这里。当然，普通学校也有杰出人才，家庭教育功不可没。

总体来说，加拿大的公立学校之间没太大差异，这是由他们的教育目的、管理模式、价值观等多个方面所决定的。

7. 加拿大妈妈与中国妈妈

温哥华的雨季从10月到下一年4月，时断时续，差不多有半年的时间。每到这个季节，一个礼拜差不多要有四五天都在下雨。下雨的时候，加拿大的妈妈不怕孩子冷，把推车专用的塑料雨罩罩上，照样推着孩子出门散步。小朋友一般会穿雨衣、雨靴，大孩子会穿有帽子的冲锋衣，根本不打伞。在我家门口的 Minoru Park，即使是瓢泼大雨，也经常可以看到足球俱乐部的孩子们在大雨中奔跑。即使在寒冬，孩子们也穿得很少，上身穿着短袖，外面穿件外套，下身穿单裤，甚至短裤。放学了，通常会在学校的操场上玩一会儿，玩热了，还会把外套脱了，只穿着短袖在寒风中嬉戏。妈妈们都很放松地在一旁观看，一点儿也不担心，没有人催孩子穿衣服。

学校中午可以订餐（主要是西餐），也可以自己从家里带午餐。西方人孩子自带的午餐一般是一块面包、一根香肠，或者是三明治、意大利通心粉等，比较简单，每天的食物区别不大。而我们中国妈妈经常担心孩子在学校的营养问题，除了每天绞尽脑汁换着花样，有的全职妈妈甚至每天中午去送饭。

Mina 的静物写生作品参加了
"美术学院第一届年展"

  加拿大的妈妈们很清楚精英只占总人口的 **15%**，所以她们对孩子的期望值都比较实际。公交车司机、售货员、餐厅服务员都可以成为孩子理想的职业，没有高低贵贱之分，但是，她们格外重视孩子的生存能力。孩子从 5 岁左右就开始分担家务，吸尘、除草、洗车、洗碗、洗衣等等，都可以分担。加拿大非常盛行童子军，西方人孩子都会报名参加。童子军的宗旨就是锻炼孩子的生存能力，每年的假期都会组织孩子们到野外去露营，在实践中提高孩子们独立生存、协作做事的能力。中国的妈妈们往往对孩子有很高的期望，成为一名医生、律师或银行投资家，也不管这是不是孩子想要的人生。

  中国妈妈最关注的是孩子在学业上的成就。首先，中国妈妈表现为过度关注学校的排名。事实上，衡量一所学校的好坏，应该以是否适合孩子的发展为标准，好学校是最能令孩子快乐，并激起学习兴趣和主动性的学校。其次，中国妈妈过于关注学业成绩。在这个竞争激烈和发展迅速的时代，情商（**EQ**）比智商（**IQ**）更重要。有些孩子学习非常好，但缺少社交能力，才华很难得到施展。孩子应该在学术和其他活动之间维持平衡，同时学会团队合作，而不是单打独斗。

　　有些孩子的课余时间安排得比大人还要紧张，体育、绘画、音乐、演讲、学习第二甚至第三门语言等等。小孩子缺乏游戏玩耍的时间，压力过大，容易产生强烈的抵触心理。高中生，尤其是要报考名牌大学的孩子，往往需要学至少一样乐器，此外，参加体育活动、社区服务、俱乐部，在某些团队中担任领导职位，上 AP 课，准备 SAT 等，孩子不堪重负，究其原因，是中国妈妈往往缺乏的是一颗平常心，她们忽视了这一点：她们应该扮演的角色是帮助孩子发现自己的热情和兴趣所在，从而指导孩子发挥自己的潜能。

二、游览、节日庆典及其他

◎有了发现美的眼睛，生活便无处不美。

> 心情好时，即便不在史丹利公园漫步，不在感恩节里大快朵颐，不与贝蒂生物多样性博物馆的水母默默相谈，不随松鸡山远足的人们挥洒青春，也会有笑意从内心深处溢出。不论身在国外还是在国内的人们，不论生活的轨迹是否由自己主创，都需要在繁忙里抬起头，给心情放个假，让阳光、雨露、清风、明月参与进来，让焦虑、阴霾、物欲、纷扰暂时离开。因而，我遴选了与加拿大生活相关的一些元素，有美景，有佳节，有欢笑，有祝福，采集花开的声音，捕捉时光的倩影，呈在您面前。

（一）游览

1. Stanley Park

2014 年，Trip Advisor 用户评选出了世界前十名的公园。温哥华中部的史丹利公园一举击败美国、巴黎和西班牙的公园，问鼎排行榜冠军。本次评选长达一年，有数百万游客参与评分。

史丹利公园，面积达 400 英亩，是温哥华最大的公园，在北美公园中位列第三。离温哥华市区只有 15 分钟步行路程，每年能吸引 800 万游客到此游玩。公园人工景物极少，以红杉等针叶树木为主的原始森林是公园最知名的美景，随处可见需要几人拉手才可以环抱的参天古木。美丽的玫瑰园，每年夏天到了花季，园中各种品种、不同颜色的玫瑰争相盛放，娇艳妩媚。公园东部，有几根形状不一的印第安木刻图腾柱，它们不仅是印第安人文化艺术的体现，也为公园增添了一处历史景观。公园的海傍小径,吸引了无数骑单车、跑步、滚轴溜冰和步行的人士。公园内有海滩、湖泊、游乐园及野餐地点。正因有了这些,史丹利公园跃居世界公园之首。

在史丹利公园,你可以远足、跑步、观赏野生动物、轮滑、骑行等,而且它还是加拿大最大的水族馆、水上公园、微型铁路和网球场所在地。

2014年8月的一天,适逢公园125周年庆祝会,我们全家参加了温哥华"华人联谊会"组织的徒步活动。此次活动有50多人参加,在林中徒步,穿过河狸湖,一路走到海滩,再回到公园门口。当时,我们刚从中国返回加拿大,还在倒时差的Mina,在刚刚结识的小伙伴的陪伴下,偶遇浣熊,邂逅白天鹅,兴致勃勃,徒步4小时。回到家里,筋疲力尽,趴在床上,片刻便悄无声息——睡着了。

2. UBC校园及Beaty Biodiversity Museum

UBC——不列颠哥伦比亚大学(也被称为"英属哥伦比亚大学",University of British Columbia)的简称,加拿大最著名的三所大学之一,加西地区首屈一指的名校。

Mina在Beaver Lake河狸湖观赏各种水禽

UBC有两座校区——温哥华校区和奥肯那根校区。温哥华校区坐落于温哥华市西面的半岛上，依山傍海、绿树成荫、风景秀丽，占地面积402公顷，校园里遍布郁郁葱葱的树林和四季盛开的花卉。此外，学校还拥有12000公顷的森林和农场。绵延的海岸线、山脉、森林、海洋、沙滩点缀其间。UBC号称是整个北美最漂亮的校园。校园有建筑物200多栋，包括图书馆、科研中心、天文观测站、娱乐场馆、文化中心、医院和博物馆等。UBC大学现在已经成了温哥华的一个旅游景点，每年都有数万人从世界各地赶来参观、游览（其中UBC大学的人类学博物馆是温哥华市十大游览胜地之一，收藏有整个北美大陆土著文化最好的艺术和手工艺品）。我曾推荐过《留学加拿大》这本书给Mina看，看完文字介绍和图片，她就告诉我："以后我就准备上这个美丽的大学了。"

我们游览的当天正是加拿大最美的秋季，漫步校园，惊叹于它的开阔与宁静。我让Mina选择，是参观UBC最有名的人类学博物馆还是贝蒂生物多样性博物馆，喜爱动物的她，毫不犹豫地选择了后者。

"贝蒂"造价5000万美元，于2010年向公众开放。设计体现了可持续性的思想，有一个绿化屋顶，以减少污染物和改善排水。除了部分实验室之外没

UBC贝蒂生物多样性博物馆的镇馆之宝——蓝鲸骨骼

有空调系统,通过自然通风和楼外的遮阳天棚调节温度,有优化的自然采光设计,以减少用电量,并有助于保护一些对光敏感的标本。镇馆之宝是一具25米长的雌性蓝鲸骨架,陈列在博物馆的玻璃天井里,是加拿大最大的蓝鲸骨架,也是世界上无支撑物悬吊的最大骨架。这头蓝鲸1987年搁浅在爱德华王子岛沙滩上,被葬在爱德华王子岛蒂格尼什村。2007年,爱德华王子岛政府和自然博物馆允许UBC把该鲸挖掘出来,并运往尚未完工的生物多样性博物馆,以备将来展览。发掘工作于2008年5月开始,发掘出来的骨头通过铁路运往维多利亚市。在那里,骨头进行全面的酸败油脂清理工作,铸模并拼接起来,然后运往温哥华,并于2010年4月7日送到不列颠哥伦比亚大学。蓝鲸骨骼已经被数字扫描,以便将来在不接触骨骼的情况下对其进行研究。蓝鲸9个最大部分被吊起来,用不锈钢索系住骨架上的附着点,挂在天花板上的U型螺栓上,蓝鲸骨架被安置成冲刺捕食的姿势。全过程艰难曲折,任何一个环节出了问题,眼前的壮观景象便不可能存在。蓝鲸骨架修复、运输和布展的过程被发现频道拍成纪录片《吊起大蓝》(*Raising Big Blue*)(大蓝是这头蓝鲸的名字),在博物馆的放映厅里反复播放。

在"贝蒂"工作的志愿者是UBC相关专业的大学生,他们向我们展示了

渔人码头停泊着出海观鲸鱼的快艇

真正的蓝鲸骨骼和鲸须。Mina 穿上白大褂，做了回小小科学家，解剖了动物的眼球，参观了各个时期动物的标本。丰富的标本，令人大开眼界。最后，我们在放映厅观看了纪录片，了解了那段曲折的历史。走出剧院，再抬头仰望这具巨大的鲸鱼骨架，心中涌起感叹："So amazing！（真是太棒了！）"

3. 渔人码头

渔人码头的概念源自欧美，代表的是一种欧陆怀旧式的休闲。在国际上，有许多著名的渔人码头，如美国旧金山的渔人码头、加拿大温哥华的渔人码头、日本神户的渔人码头。

列治文的渔人码头，又称为史提夫斯顿，得名于一位 1878 年在这里定居、以打渔为生的渔民。后来，来这里打渔的渔民逐渐增多，就把这里命名为"史提夫斯顿村（Steveston Village）"。战后，这里的罐头厂相继停业。后来，区内旅游业逐步被开发：史提夫斯顿博物馆和加利角公园分别于 1979 年和 1989 年揭幕，而于 1894 年落成的乔治亚海湾罐头厂也被定为国家历史古迹，并从 1994 年起对外开放。另外，由于紧邻太平洋，海鲜也成为这里的一大特色，是游人必尝美食之一。在列治文的渔人码头，每日都有各种新捕捞的虾、蟹、鱼、贝等售卖，分量足、价格便宜。如果赶在某些季节，如三文鱼洄游或龙虾季，则可以吃到上等的三文鱼和大龙虾，肉质鲜美。在码头有多家餐馆，专做海鲜，每家都是用当日的海鲜做出各种菜式，是喜爱海鲜的游客必到之处。史提夫斯顿村有闻名遐迩的三文鱼节，从 1945 年起，每年于 7 月 1 日（加拿大国庆日）举行。

每到周末，渔船靠岸的时候，渔人码头就增添了一些喧闹，渔船

水族馆里的水母

不大，只在近海作业。渔船的甲板就是货摊，再支上几块篷布，挡雨、遮阳、避风。渔民将捕获的鱼、虾、螃蟹等战利品，堆放在渔船上直接销售，价格比超市便宜得多。

此渔人码头虽然不及大名鼎鼎的旧金山渔人码头，但宜人的海景、便宜的海鲜，还是吸引了我们成为其忠实的回头客。用新鲜鳕鱼炸成的地道 fish &chips，种类繁多的意大利冰激凌 gelato，都是吸引 Mina 愿意陪同前往的原因。码头海边的景色美丽迷人，可以乘坐专门的游船出海观看鲸鱼。

《别了，温哥华》这部电视剧中的饭店便在渔人码头取景，2012 年大热的电影《北京遇上西雅图》也在此取景，所以此处吸引了众多的年轻人，他们慕名而来，在此悠闲散步，享受阳光、海风，酝酿浪漫情怀。

4. 温哥华水族馆

位于斯坦利公园内的温哥华水族馆（Vancouver Aquarium）创建于 1956 年 6 月 15 日，至今已有 43 年历史，不仅是加拿大最大的水族馆，亦为名列北美前五名的水族馆之一。

温哥华水族馆是观赏世界珍贵海洋动物的佳地——杀人巨鲸、小白鲸、多姿多彩的热带鱼、亚马逊河的植物、猴子及鸟类等物种，吸引着人们的眼球。小朋友们还可以参加这里举办的教育节目，更深入地认识我们赖以生存的地球和周围的自然环境，了解人与生物的关系以及如何更好地保护生态环境。

好几次在 Stanley Park 游玩，由于时间的原因，"几过水族馆大门而不入"。Mina 在 2014 年春假的最后一天游览了水族馆，以此作为两周快乐假期的告别礼。她去过的水族馆颇多，北京，上海，青岛，大连，可谓各具特色，相比较而言，她觉得温哥华水族馆最有特色，原因在于这里生活繁衍着种类繁多的水母——孩子看问题的角度确实与大人不同。

5. 林恩吊桥（Lynn Suspension Bridge）

林恩吊桥位于北温哥华最富自然气息的森林区。高高耸立的巨木森林，宛如城市边的绿色宝库，为温哥华市区带来绿意，也成为游人寻幽远足的绝佳景点。峡谷公园有溪流蜿蜒穿行，并形成壮观的瀑布。最吸引人的是横跨在峡谷上的 150 英尺高的吊桥。与 Capilano Suspension Bridge(卡皮拉诺吊桥)相比，同样是吊桥、深谷和四面高大的杉树，因为这里是完全免费的，所以得到众多游人的青睐和推荐。吊桥虽然相比而言短些，窄些，不过摇摆起来也还是让人有些心惊胆寒，尤其是对于恐高的人。桥下是湍急的溪水和流瀑，吸引着我们驻足，观瀑，拍照。

过了吊桥，就进入茂密的树林里。公园有很多的远足路线，是周末探幽的绝好选择，所以每到周末，停车位就会颇为紧张。

我们游览的当日，下起了蒙蒙细雨，只觉得雨中的密林、空气越发清新。**Mina**向来是敢于冒险的小女汉子，在吊桥上飞奔，在步道上腾挪，玩得不亦乐乎。

雨中的林恩吊桥

6. 伊丽莎白女王公园（Queen Elizabeth Park）

伊丽莎白女王公园（当地人常简称为 **QEPark**）坐落于温哥华市区人口密度颇高的地段。整座公园建于海拔150米的小山坡上，是温哥华的最高点，从公园可以360度观赏温哥华市区风景。此公园是为纪念伊丽莎白女王的到访而更名的。

每当春夏两季花开时，游客总是络绎不绝，翠绿的草地加上争妍斗艳的各式花卉，吸引许多新人专程来拍婚纱照。园内有一个美丽的花园，被小型的悬崖和一些奇花异草包围，具东方气息的园林点缀着大大小小的池塘和喷泉。公园的主体建筑是位于山顶的宝得温室花园（**Bloedel Conservatory**），在那儿能欣赏到来自3种不同气候的花卉，以及50种翱翔天空的热带鸟类，常年鸟语花香。

我们游览时正是春天，郁金香怒放时节，满树樱花尚未凋零。大草坪上

伊丽莎白女王公园

的那一株樱花树，满树繁花，正如一位女王，让你感到勃勃的生命力。

温室虽然不大，却是一个让 Mina 流连忘返的地方，她拿着相机，对着各种奇花异草、珍稀鸟类拍照，在里面来来回回绕了好几圈，才依依不舍地离开。

回到家，我们把她所拍的照片与宣传册上的图片对照，顺便学会了不少关于野生动植物的知识和英文名称。

7. 伦敦遗产农场（London Heritage Farm）

农场始建于 19 世纪 80 年代，占地 4.6 英亩，它南面是著名的 Fraser River（菲莎河）。现在的农场已没有人耕作，成为对外开放的博物馆。农场里有花园、大草坪、小手工具博物馆、家庭谷仓，还有 6 个房间展示旧家具、衣物、被子、照片、农具，还有餐厅、洗手间等，浓缩了 1880 年到 1930 年列治文的生活场景。农场的创始人，查尔斯·埃德温，16 岁，和他的兄弟威廉，17 岁，来自安大略省，于 1877 年抵达不列颠哥伦比亚省。三年后，兄弟俩用 2000 美元购买了 200 亩土地，建一个小农舍，并开始准备在这片土地上耕种。1888 年，查尔斯结婚，婚后夫妻双双建设农家，并保留至今。

农场中有一个小茶室，可以品尝这里特制的英式下午茶，下午茶的种类

爵士乐队的表演

会因不同季节、不同节日而改变。茶具是骨瓷的，很精致，用具如勺子、切甜品的小刀都是老式的。来这里喝茶的人们，不仅为了享受茶点，更为了体验悠远的往日情怀。

在夕阳中，爵士乐队正在表演，女歌手超有磁性的声音，让我回忆起十多年前，在英国伦敦公园的草地上欣赏爵士乐的情景，这也是"体验了悠远的往日情怀"。

8. 松鸡山（Grouse Mountain）

松鸡山素有"温哥华之峰"（The Peak of Vancouver）的美誉，在温哥华市区抬头往北看，就能欣赏她雄奇的身影。这座山就像一个巨大的指北针，无论你在城市的哪个角落，她都代表着正北方向。到了晚上，山顶滑雪场的点点灯光也能让你很轻松地将她辨认出来。松鸡山山顶是欣赏温哥华全景的最佳场所，只要是晴天，温哥华市区以及布辣湾（Burrard Inlet）的风光就在眼底一览无余。

松鸡山由1894年第一个徒步登上顶峰的旅行者命名。在那个年代登上松鸡山需要花上3至4天，称得上艰难旅程。那时还没有桥跨越布辣湾，也没有路到达山脚，旅行者们需要艰难地走过雪地，攀越巨石，穿越密林，才能到达目的地。在途中他们捕获了一只蓝色的松鸡，因非常崇敬这种神鸟，于是以它命名此山。此后，松鸡山吸引了无数徒步旅行者。松鸡山是距离温哥华市区最近的滑雪胜地，是大温地区唯一一个可以人工造雪的滑雪场，山顶巨大的滑雪场夜间也开放。到了冬季，吸引了许多人来此滑雪。

　　夏季登上松鸡山的Grouse Grind山径是温哥华最热门的爬山路线。Grouse Grind松鸡山盘山梯长虽然只有2.9公里，却要登高853公尺，爬到山顶，举目远眺，整个大温哥华的秀丽

密林中，锲而不舍的攀登

山水向你扑面而来，你会不由得精神为之一振。夜晚，月色星光之下，从山顶上俯视万家灯火，那种让人心旷神怡的美丽画面会令人久久难以忘怀。值得一提的是，这里有一个小型的灰熊保护区，可以让游客近距离观察棕熊。

　　攀登松鸡山，最有意思的莫过于，每个人都会记录下从山脚到山顶的时间。因为本人是一名户外运动爱好者，迄今为止，从山脚到山顶的最好成绩是70分钟，与大家120分钟的平均成绩相比，还算是很不错的吧？最快纪录是20多分钟，还有一个女士保持的纪录是1000次的攀登，都令人膜拜。很多六七岁的西方人小孩，在父母的鼓励下到达终点后，第一件事就是问：Did I break my record？（我打破我自己的记录了吗？）爬山过程中，我对中西方教育的不同，有深刻体会。我见过的最极端的例子，是一个华人小孩，随家人攀

Mina 在认真地拍摄野生动物

登了一段,因为觉得累,不肯再向上,要强行下山,又哭又闹,最终父母只得背着他,原路返回。事实上,松鸡山的管理部门规定,不可原路返回下山。这一幕,被很多西方人看在眼里,听着他们的议论,作为华人的我,真是汗颜。

下山乘坐北美最大的缆车 Skyride,可容纳 100 人,从山顶疾驰而下,缆车中的乘客频频发出惊呼,惊呼中颇有夸张的成分,表达愉悦的心情则是真的。俯瞰迷人景色,远处冰山融水环绕山体,低低的云层给山顶戴上了一顶灰色的帽子,云层的金边让人想起英语中的那句俗语:Every cloud has its silver lining(乌云背后总有一丝光芒)。

9. 格兰维尔岛

温哥华有一个非常著名的岛,叫格兰维尔岛。这个岛并不大,它的前身是一个工业区半岛,和北京的 798、成都的东郊记忆很类似。岛上可以看到很多废弃的铁路,主要的建筑物都是以前的厂房。不过经过重新设计,整个半岛都充满了艺术的气息。据说,这里是在温哥华度过慵懒下午的最好的地方。很多人坐在海边木椅上,耳边萦绕琴声,微笑向暖阳,喂食海鸟,看海鸥盘旋。

靠在岸边大大小小的游船,供游人免费登船参观。游艇上操纵室、客厅、厨房、卧室全套装备,分明就是水上的豪宅。岸上展示的做工精美考究的木船,

精美考究的手工木船

既是工艺品,又具实用性。船体油光锃亮的漆,更增添了美感。看看价格,可不便宜:4500 刀。

许多手工艺术品可在岛上的艺术品店买到,尤其是充满当地原住民风味的饰品,比如以老鹰为主题的图腾木雕。因为是艺术之岛,Granville Island 有 Busker(街头艺人)表演,逛累了,索性就在阳光下欣赏一下他们的表演吧。

正在店里漫步,突然店外人声喧哗,大家纷纷跑出来观看——原来是裸体自行车游行,有人画着纹身,有人带着头盔,有人扛着旗帜,就是没人穿衣服。他们毫不避讳行人的相机,挥着手,骄傲地绝尘而去,真是大开眼界。

水边颇具特色的餐厅 Bridges,是亮丽的柠檬黄,不妨用一杯咖啡在阳光下消磨时光。晚 6 点半,登上游船,阳光依旧灿烂。"流水不争先,轻衣御风行",3 个小时风行水上,仿佛与夕阳赛跑。享用完船上提供的一顿丰盛的大餐,还可在二层甲板上品味甜点。一边是苍莽山林,一边是海天相接——山海之间的温哥华,满足了我对完美居所的所有想象。

10. 美国波特兰之旅

一办好美国签证,我就开始规划"美国之行",准备和远在美国波特兰的大学同窗相聚。4 月的春假是个绝好的机会,春暖花开,"玫瑰之城"波特兰一定繁花似锦。

为了避免在美加边境等待入美国边境的时间过长,我们清晨 5 点就从家里出发,不料美加边境仍排了绵延一公里的长龙。

黎明的微光中,离海湾大约 300 米的地方,有一个白色的建筑,很像法国的凯旋门，这就是 Peace Arch（和平门）。和平门完成于 1921 年，系纪念 1814 年美加和平条约签订 100 周年的杰作。门洞里，象征性地安置了一对铁栅栏，上面醒目地写着：May these gates never be closed（希望这扇门永不关闭）。大门能跨过两个世纪仍保持开放的原因，是两国的人民真正体会到他们是亲密无间的兄弟。正像和平门顶上刻在美国一侧的警句 Children of a common mother 一样，加拿大一侧的门上，也刻有一句：Brethren Dwelling Together In Unity。有华人把这两句话翻译为"情同手足，休戚与共"，意境之吻合，才气之丰沛，令人拍案叫绝。

因为是首次入境美国，边境检查花费了大约两个小时。在钢铁洪流中驱车 5 小时，路过心向往之的西雅图，终于顺利抵达波特兰。晚上，开车到市中心去接从旧金山赶来和我相聚的闺蜜。这里确实是美国，夜晚那种诡异的气氛如影随形，长途车站外一群残疾人在高谈阔论，却听不清在说什么。我从旁边经过时，一个跛脚的女士问我有没有烟，我心里一惊，快速逃离。暗自庆幸，选择了加拿大作为生活的地方，夜晚出门从没有心惊肉跳之感。

清晨 5 点，美加边境的和平门

波特兰位于美国俄勒冈州西北部，为该州最大城市。波特兰号称"玫瑰之城"，大概我们与玫瑰的缘分未到，著名的玫瑰园内竟没有一枝绽放。好在雨中的日本园别有一番情致，让人不由得想起温哥华岛上的布查特花园中的日本园。尤其幸运的是，在一场突如其来的大雨后，竟在高速路上迎来了绝世奇景：双彩虹！

（二）节日庆典

节日固然有其特定的文化意义，同时也给人们放松快乐的理由。作为移民，中西节日都体验，生活中的节日就增加了一倍，比别人快乐的机会也多了一倍。

1. Canadian Thanksgiving（加拿大感恩节）

加拿大议会将感恩节列为法定假日稍晚于美国，且与美国的感恩节不在同一天。但加拿大的第一个感恩节要比美国早 40 年，庆祝活动是在 10 月的第二个星期一。与美国人缅怀清教徒先辈定居新大陆的传统不同，加拿大人主要感谢上天给予的成功的收获。加拿大的感恩节比美国早一个月，一个简单的原因是，加拿大的收获季节相对于美国早一些，因为加拿大更靠近北部。

加拿大的感恩节通常被认为受三个传统的影响：

其一是来自欧洲传统的影响。从大约 2000 年以前最早的一次收获开始，人们就已经庆祝丰收，感谢富饶的大自然给予他们的恩泽和好运。当欧洲人来到加拿大后，也将这一传统带入加拿大，并对后来加拿大感恩节的传统产生影响。

其二是英国探险家庆祝生存的影响。在清教徒登陆美国马萨诸塞的 40 年之前，加拿大就举行了第一个正式的感恩节。在 1578 年，一位英国探险家马丁·法贝瑟（Martin Frobisher）试图发现一个连接东方的通道，不过他没有成功。但是他在现今的加拿大纽芬兰省建立了定居点，并举行了一个庆祝生存和收获的宴餐，其他后来的移居者继续这些"感恩"仪式。

其三是来自后来的美国。1621 年秋天，远涉重洋来到美洲新大陆的英国移民，为了感谢上帝赐予的丰收，举行了 3 天的狂欢活动。从此，这一习俗就沿续下来，并逐渐风行各地。在美国革命期间，一批忠于英皇室的保皇党迁移到加拿大，也将美国感恩节的习惯和方式带到了这里。1750 年庆祝丰收的活动被来自美国南部的移居者带到了新斯科舍（Nova Scotia），同时，法国移居者到达这里，并且举行"感恩"宴餐。这些均对加拿大的感恩节产生了深远的影响。

　　1879 年，加拿大议会宣称 11 月 6 日是感恩节和全国性的假日。随后的年代里，感恩节的日期改变了多次，直到 1957 年 1 月 31 日，加拿大议会宣布每年 10 月的第二个星期一为感恩节，在这一天感谢万能的上帝保佑加拿大并给予丰富的收获。

　　美加两国的感恩节之间有许多相似性，譬如装满花果谷物象征丰饶的山羊角（cornucopia）和南瓜饼（pumpkin pie）。加拿大感恩大餐餐桌上的食物通常也因地域和时间的变化而不同，有些是鹿肉和水鸟，有些是野鸭野鹅，但目前主要是火鸡和火腿。

　　有一个谜语：What key has two legs, but can't open the door？答案就是：turkey（火鸡/土耳其）。火鸡起源于南美，为什么被称为土耳其呢？15 世纪，西班牙殖民者占据南美后，将当地土著阿兹台克人（Aztec）经常食用的一种禽类 Huexoloti 引入了欧洲。之前，英国人经常食用一种非洲禽类"珍珠鸡"。由于珍珠鸡往往通过土耳其进口，也叫"土耳其鸡"。当 Huexoloti 进入欧洲后，人们习惯也称它们为"土耳其鸡"，简称"土耳其"——比拗口的 Huexoloti 好记多了。

　　我们在加拿大度过的第一个感恩节，想起来至今还满心温暖：因买房和房产经纪甘小姐成为朋友，她和先生邀请我们全家参加了在他们家举行的聚会，有幸品尝了足足烤了四个小时的火鸡大餐。结识了一些朋友，最大的收获是他们向我们介绍了一位美术大师赵老师，从此女儿开始跟他学画，取得了长足的进步。

　　第二年，我决定亲手做

"中西合璧"的烤火鸡，第一次尝试就大获成功

火鸡大餐，邀请朋友来我家聚会。感恩节前一周，我们就到 Safeway 超市挑选火鸡——先下手为强，挑小的，否则去晚了，只剩超大的。果不其然，我们挑了最小一只，12 磅，冰柜里居然有 20 多磅的，让我暗暗庆幸下手早。在网上做了很细致的功课，我决定本着基本遵循加拿大感恩节火鸡大餐的原则，同时做细微调整，"中西合璧"，满足中国人味蕾的需求。

火鸡肉根据部位和颜色的不同，分为红肉（腿和翅膀）和白肉（躯干），享用时，分别与红莓酱和肉汁搭配。制作红莓酱的材料是小红莓（Cranberry），刚来加拿大时，我曾以为小红莓是可以直接食用的水果，结果发现酸中带涩，口感欠佳，后来才知道，一般只用来做红莓酱食用。先将红莓洗净，按照 2:1 的比例，把红莓和清水倒入锅里，大火煮开。约 5 分钟后，就会听到果实爆裂的轻微声响，果实逐渐软烂，转小火。根据自己喜好的甜度，加入适量白糖，我用的大概是 1/2 份的糖。同时不停搅拌，以防煳锅。最后，煮到黏稠，与平时购买的果酱差不多，就完成了。味道很像山楂果酱，吃起来酸酸甜甜，模样晶莹剔透，很可爱。装入干净的玻璃瓶子里，盖上盖子，放入冰箱，保存备用。自己做果酱的好处，一个是享受自己动手、丰衣足食的乐趣，二是可以根据自己的口味，控制放糖量，最重要的，是不必担心防腐剂、色素的问题，是真正的"放心食品"。美食虽佳，制作过程却颇为简单，难怪美国人形容一个懒人，可以说他/她连小红莓酱都懒得自己做，形象吧？

火鸡需要提前 3 天放在冰箱冷藏室解冻。解冻两天后，用腌料——1 勺蒜蓉、1 勺姜末、5 勺酱油、2 勺料酒、1/2 勺胡椒粉、1/2 勺五香粉、1/2 勺盐——均匀地抹到火鸡身上、肚子里。待它足足"享受"了 20 分钟"马杀鸡"（Massage 按摩）后，用锡纸把火鸡包好，连同烤盘放到冰箱的最底层，腌 24 个小时。然后把火鸡脖子和内脏留着，放入冰箱底层，第二天待用，把火鸡肚子里塞上填充物，叫作 Stuffing，传统上用面包屑和鼠尾草填塞。为了适应中国人的口味，我做了改动，用炒饭来做 Stuffing。洋葱、香肠、胡萝卜、芹菜、黄瓜、火鸡肝，都切成丁，制成炒饭，起锅备用。

感恩节当天中午把火鸡从冰箱里取出。把姜蒜等制成的调料汁用厨房用纸擦掉，要擦掉火鸡身上和肚子里所有的水分，包上锡纸，放入烤盘，烤箱预热 165 摄氏度，烤盘放在烤箱最下层的架子上。两个小时后，将做好的炒饭填入火鸡的肚子里，然后在最后的两个小时，为了烤鸡颜色的漂亮，不再覆盖锡纸。每隔半个小时，取出烤盘，用滴在烤盘里的火鸡油往火鸡身上浇汁，目的是让火鸡肉不要太干，同时入味。5 个小时后，大功告成。

烤火鸡的间隙，我还完成了 Gravy（肉汁蘸料）的制作——先把火鸡脖子、内脏熬成火鸡高汤，继而用 2 份高汤、1 分火鸡汁液（烤 3 个小时后，从烤盘里舀取）、1/4 份黄油、1/4 份面粉、少许盐和胡椒粉混合，Gravy 便横空出世了！

"中西合璧"的火鸡，受到了大家的一致好评，感觉比纯西式的更加入味，火鸡肉更有弹性。

整个烤火鸡的过程持续了 3 天，步骤的繁杂，是很多中国人不愿意亲自尝试的原因。其实，全过程下来，很有成就感，值得亲身一试。同时，作为华人，感恩节时在异国他乡相聚，感恩生命中帮助过我们的人，意义深远。

2. Halloween（万圣节）

提到万圣节，不知怎么的，我便想起"琴瑟琵琶八大王，王王在上；魑魅魍魉四小鬼，鬼鬼靠边"的对联来。

在加拿大，万圣节（又称鬼节）是深受孩子们喜爱的节日。它是早期欧州移民从爱尔兰带来的。在这一天的晚上，儿童化妆成妖魔鬼怪，成群结队、挨家挨户拍门讨要糖果，一边敲门一边说着 Trick or treat（不给糖，就捣乱）。参与万圣节活动的家庭会在门前摆上南瓜灯，装饰出各种各样的妖怪和地狱场面——各种奇怪的设计，大有"不惊人，誓不休"的劲头。

关于万圣节的由来，传说最多的版本认为，那是源于基督诞生前的古西欧国家，主要包括爱尔兰、苏格兰和威尔士。这几处的古西欧人叫德鲁伊特人。德鲁伊特的新年在 11 月 1 日。新年前夜，德鲁伊特人让年轻人集队，戴着各种怪异面具，拎着刻好的萝卜灯（南瓜灯系后期习俗，古西欧最早没有南瓜），游走于村落间。这在当时实则为一种秋收的庆典。也有说是"鬼节"，传说当年死去的人，灵魂会在万圣节的前夜造访人世，据说人们应该让造访的鬼魂看到圆满的收成并对鬼魂献出丰盛的款待。篝火及灯火则是为了吓走鬼魂，并为鬼魂照亮路线，引导其回归。

在中世纪的中欧，曾有过基督教摧毁异教徒的历史。可是新年夜前的祭祀庆典从未真正消除，不过以巫术的形式出现。这也就是为什么我们现在的万圣节里，还留有巫婆的扫帚、黑猫、咒语等痕迹。

孩子们着装挨家要糖的习俗，据说起源于爱尔兰。古西欧时候的爱尔兰异教徒们，相信在万圣节前夜鬼魂会麇集于居家附近，并接受设宴款待，因而，在"宴会"结束后，村民们就自己扮成鬼魂精灵，游走村外，引导鬼魂离开，避邪免灾。于此同时，村民们也都注意在屋前院后摆布些水果及其他食品，喂足鬼魂而不至于让它们伤害人类和动物或者掠夺其他收成。后来这习俗一直延续下来，就成了孩子们取笑不慷慨之家的玩笑。

至于南瓜灯也至少有两种说法。一种说是人挖空了南瓜又刻上鬼脸，点上烛火用以驱散鬼魂；另一种说是鬼魂点上的烛火，试图骗取人们上当而跟着它们走，所以人们就在南瓜表面刻上一个嘲讽的脸面，用以调笑鬼魂：哼！傻瓜才会上你的当。传说因为首用南瓜的是一位爱尔兰人 Jack，所以人们又将鬼脸南瓜灯叫作 Jack-O-Lantern。

万圣节流传到今天已经完全没有了宗教迷信色彩，它成了一个孩子们的节日，也是年轻人化装狂欢的节日。到加拿大的第一年，学校里早在一两周之前就开始装点节日气氛了。为了万圣节的女巫造型，3 点放学后，我带着女儿在购物中心一直逛到 7 点，帽子、面具、裤子、披风、道具……狂购而归。回到家，试穿预演各种搞怪姿势。我总觉得美美的造型，缺乏点儿娱乐精神，建议她造型恐怖点儿，比如用口红画出吸血鬼的感觉。人家一概没采纳，就是要做美美的"小女巫"。

在学校参加了庆祝活动，放学了，Mina 好朋友的爸爸带着两个"小女巫"到 Lansdowne 和 Aberdeen Centre 参加 trick or treat。战果颇丰，万圣节特色糖果 Mina 都舍不得吃掉，存了好久。

晚上 8 点，一年一度的万圣节焰火表演在 Minoru Park 举行。之前有盛大的游园活动，小丑的泡泡表演，乐队的演出，孩子们可以参加的各种活动。开心之后，还可大饱眼福，在天空中绽放的火树银花，被我拍出了"宇宙大爆炸"的效果。

第二年，我很早就问她今年的装扮是什么，要不要买什么服装。她颇为淡定，说只要一个白床单——她要扮"贞子"。万圣节当天，比平常提前半小时起床，自己把脸涂成白色，披着长发、披上床单就上学去了。放学后，和同学转战几个商场和居民区，晚上 8 点才回家，背着一大袋子糖果，累得筋疲力尽，却又眉飞色舞地讲述 trick or treat 的经历，包括摔了一跤，把裤子摔了个洞——仅仅一年，孩子就成长为更加独立的个体。

3. Remembrance Day（纪念日）

从每年的 11 月初开始，街上就开始陆续看见胸前戴着一朵罂粟花（Poppy）的人们，在市中心及一些大型购物中心的门前，很多老兵和志愿者们都会进行罂粟花义卖活动，他们拿着装满小花的盒子，人们随意地往里放点儿零钱，然后戴上一朵。

每年的 11 月 11 日，是加拿大的阵亡将士纪念日 Remembrance Day。这个纪念日是 1919 年由英国乔治五世创立，用于纪念英联邦战争中牺牲的将士，因为第一次世界大战于 1918 年 11 月 11 日上午 11 时结束。后来就用来纪念在第一次世界大战、第二次世界大战和其他战争中牺牲的军人与平民。每年的 11 月 11 日上午 11 时，首都渥太华的战争纪念碑前都要举行隆重的纪念活动，退伍的老兵和阵亡将士的家属们聚在一起，纪念战争中牺牲的亲人们，加拿大总督和总理都要亲自出席并献上花环，电视现场直播。在城乡各镇，民众自发地举行纪念活动，场面庄严、肃穆、感人。

佩戴罂粟花的背后，还有一个感人的故事。

1915 年，第一次世界大战期间，加拿大军医 John McCrae 中校奉命前往法国弗兰德斯接收加拿大阵亡将士，亲眼目睹了战场的惨状。看着红透半边天的罂粟花，悲伤之下，他在一张碎纸片上写下了诗歌《佛兰德斯战场》。这首诗后来成为一首传世名作，每年的 11 月都被人们吟唱，以纪念为保卫祖国献身的战士，从而激励更多的年轻人投入战争，保卫家园。他的诗歌也蕴含着反对战争、向往和平的情绪。

In Flanders fields the poppies blow

Between the crosses, row on row
That mark our place; and in the sky
The larks, still bravely singing, fly
Scarce heard amid the guns below.
We are the Dead. Short days ago
We lived, felt dawn, saw sunset glow,
Loved and were loved, and now we lie
In Flanders fields.
Take up our quarrel with the foe:
To you from failing hands we throw
The torch; be yours to hold it high.
If ye break faith with us who die
We shall not sleep, though poppies grow
In Flanders fields.

翻译成中文是:

在佛兰德斯战场上,罂粟花随风飘荡
十字架林立的墓地
就是我们居住的地方
勇敢歌唱云雀仍在天空中翱翔
枪声却不再作响
不久前,我们战死沙场
我们曾经活着,感受过黎明和傍晚的霞光
我们曾经为人所爱,现在我们却长眠于佛兰德斯战场
我们要继续与敌人战斗
你从我们垂下的手中接过火炬
并把它高高举在手中

如果你背弃我们的遗愿

即使罂粟花开满了佛兰德斯，我们也不会安息

在 John McCrae 诗歌的激励下，美国的 Moina Michael 开始佩带罂粟花来纪念战死的战士，她还出售罂粟花，把所得用于帮助那些伤残的退伍老兵。1920 年，法国妇女 E. Gué rin 出售手工制的罂粟花，集资用于帮助第一次世界大战后的孤儿。不久，**Field-Marshall Earl Haig**，前英国司令官鼓励用出售纸罂粟花来资助退伍军人。就这样，这个传统节日沿袭到加拿大。

纵观两次世界大战，加拿大伤亡惨重：在第一次世界大战（1914-1918）中，加拿大曾派出超过 60 万志愿人士奔赴海外作战，其中 69000 名战士阵亡，伤兵 172000 多人；第二次世界大战（1939-1945），加拿大派出 100 万海陆空军人参战，47000 多名军人阵亡。两次世界大战中，近 70 万加国军人参战，11 万余将士再也没有返回家园。年轻的阵亡将士，或为人子、或为人夫、或为人父，在那个烽火连天的年代，将青春和笑脸化为战场里的孤魂、亲人心中的痛、纪念碑上冰冷的名字。

学校的纪念活动举行一个多星期前，女儿就从学校拿回一个通知：邀请所有家长当天早上来到学校，一起纪念 **Remembrance Day**，届时学校还有捐款活动，换取红色罂粟花。记得孩子当时正学习 **World War I** 和 **World War II** 的内容，辅导她完成作业时，我们特别关注了加拿大士兵参战的部分。

活动当天，我们穿上了黑色衣裤，去学校参加他们的纪念仪式，各年级的孩子以不同的方式表达了哀思。孩子们背诵的那首诗，我至今记

Poppy 实际就是罂粟花

忆犹新：

…

Peace is gentle.

Peace is kind.

That's how I see it in my mind

…

4. American Thanksgiving（美国感恩节）

1620 年，英国一批主张改革的清教徒，因理想和抱负不能实现而退出国教，自立新教，此举激起了英国当政者的仇恨。他们不得不乘船远渡重洋，流亡美国。船在大海中漂泊了 65 天，终于到达了美国东海岸，在罗得岛州的普罗维斯敦港登陆。当时，此处还是一片荒凉未开垦的处女地，火鸡和其他野生动物随处可见。时值寒冬，来到陌生的地方，缺衣少食，恶劣的环境正在威胁着他们的生命。

在这生死攸关的时刻，当地的印第安人为他们送去了食物、生活用品和生产工具，帮助他们建立了新家园。为感谢在危难之时帮助、支援过他们的印第安人，同时也感谢上帝对他们的"恩赐"，他们将猎获的火鸡制成美味佳肴，盛情款待印第安人。感恩节吃火鸡的习俗自此流传下来。

在北美 13 州统一时，首任总统乔治·华盛顿把感恩节设定为全国性节日，但由各州决定自己的庆祝时间。直到 1863 年，林肯总统才确定每年 11 月的第四个星期四作为感恩节的固定庆祝日。

几年前在北京工作的时候，和一个美国家庭结下了深厚的友谊，每到美国感恩节的时候，他们便会请我们共享感恩节火鸡大餐，从此，每年都会纪念一下。2013 年的感恩节，他们也已从北京回到了美国，我们通了电话，追忆了过去的美好时光。然后一家三口庆祝了一下：美国加州的红葡萄酒混搭正宗的麻辣香锅和港式烤鸭，感恩在生命的旅途中，总有好友相伴，人生不寂寞。

5. Christmas（圣诞节）

耶稣是童女玛丽亚所生。神派遣使者加伯列在梦中告诉约瑟，叫他不要因为玛丽亚未婚怀孕而不要她,而要与她成亲,并把那孩子起名为"耶稣",意思是要他把百姓从罪恶中救出来。当玛丽亚快要临盆的时候,罗马政府下了命令,要求全部人民到伯利恒申报户籍。约瑟和玛丽亚只好遵命。他们到达伯利恒时,天色已昏,两人未能找到旅馆住宿,只有一个马棚可以暂住。就在这时,耶稣要出生了。于是玛丽亚唯有在马棚里生下耶稣。后人为纪念耶稣的诞生,便定12月25日为圣诞节。

公元4世纪,尼古拉斯出生在小亚细亚巴大拉城,家庭富有,父母亲是非常热心的天主教友,但不幸早逝。尼古拉斯长大以后,便把丰富的财产,全部捐送给贫苦可怜的人,自己则出家修道,献身教会,终生为社会服务。尼古拉斯后来做了神父,最后成为主教。他一生当中做了很多慈善工作,他最喜欢在暗中帮助穷人,圣诞老人是他后来的别号。尼古拉斯死后被尊为圣徒。每年圣诞节,这位身穿红袍、头戴红帽的白胡子老头,驾着鹿拉的雪橇从北方而来,由烟囱进入各家,把圣诞礼物装在挂在孩子们的床头上或火炉前的袜子里。

圣诞节和圣诞老人的故事,肃穆而迷人。

Mina从两岁起,每到圣诞节都会帮我把圣诞树装饰起来,兴奋地等待Santa的礼物,Santa从未让她失望过——尽管每年总有些"令人扫兴"的人要告诉她,Santa是假的,礼物是爸妈准备的,她也问过我们,可每年收到的圣诞礼物还是让她深信不疑。从10岁起,她不再问了,我明白她一定是自己领悟了,我们没有挑明,心照不宣。Mina 11岁的圣诞节是在加拿大过的第一个圣诞节,我们照例到商场买了圣诞树、装饰物,让家里有了节日的气氛。圣诞节清晨,她也在袜子里找到了Santa"送"她的圣诞礼物。

伴着孩子成长的Santa已经脱去了神秘的光环,但关于圣诞节的故事带给她的快乐、感恩、赠予将会陪伴她的一生。

Mina和爸爸参加United Church的活动,表演了话剧《最后的晚餐》,爸爸扮演的是出卖耶稣的犹大,Mina扮演的是童女。本着娱乐至上的精神,爸爸屡次自创动作和表情,让和他配戏的"耶稣"都笑场了——这位来加拿大3年的朋友说,这个表演让她度过了最快乐的一个圣诞节——这应该是很高的评价。

圣诞节期间，很多家庭用造型各异的圣诞彩灯，精心装饰自家的院子和阳台，有几家的圣诞灯展居然成为温哥华市的保留节目，吸引全市居民前往观看。平安夜，我们开车出门，看彩灯点亮的大街小巷，欣赏各家院子里别致的灯饰，发现特别精美的，我们就停车留影。

6. Boxing Day（节礼日）

12月26日，打折购物的狂欢节。在加拿大，节礼日被视为假期，节礼日和紧接的日子里，零售店会透过清仓大拍卖售卖商品。晚上，一些顾客会在零售店外排队数小时，等待商店开门，冲进去抢那前50名或者100名顾客的特大优惠。零售商当天会比平日早些开门营业，大概是早上6时到7时。一些零售公司内部把圣诞节后的营业周称为"第十三个月"，这类似黑色星期五（美国感恩节翌日）。我平日经常去的休闲品牌Old Navy拿出了上百万参与优惠活动，顾客得到了实惠，自然会更加拥护这个品牌。

现在，Boxing Day名气之所以越来越大，还是得益于它是全年商家折扣最彻底的一天。我到家门口的Richmond Centre购物中心去感受了购物狂欢的气氛，人山人海，很多货品打对折，很快销售一空。宣称下一年会停业的Sears，平常门可罗雀，今日也人声鼎沸。我看中了一款可以做鸡蛋仔的烘烤机，原价25刀，现在只有半价，感觉占了大便宜。这一天让包括我在内的很多人产生当了"上帝"的感觉。不像国内的打折促销活动，往往是圈套，比如，买200送200，还要你继续购买，才会享受到优惠。用烘烤机做的鸡蛋仔成了Mina最喜欢的早餐。

7. New Year（新年）

每年的第一天你做什么了？估计许多人都已懵然想不起来。尽管是新年，因为太过平凡，和普通日子差不多而没留下特殊的记忆。

而2014年的第一天，对我们来说这辈子都不会忘记。

加拿大由于历史的原因和人种构成等因素，当地人的生活习俗与英国、法国和邻居美国很接近，同时也综合包含着英、法、美三国的特点，比如他们既有英国人的含蓄，又有法国人的开朗，还有美国人的无拘无束。每年的1月

1日是元旦新年,这是西方人最重大的节日,也是最好的团聚和享受假期的玫瑰时光。加拿大人欢度新年的形式可谓五花八门,从畅饮香槟、北极熊冬泳、室内蹦极,到滑雪狂欢,应有尽有。

"北极熊冬泳"(Polar Bear Swim)是大温地区元旦贺新年的传统,数千民众以突破自我的勇气跳入冰冷的英吉利湾游泳,强者会力拼前三名拿奖品,而大多数参与者更在意比赛之前的盛装出场,争奇斗艳,如狂欢节一般。这也是上万民众争睹而快的主要原因。

原本,我们只准备做观众,先生的朋友Sean怂恿他一起参与冬泳,俩人一拍即合,带上了泳裤。1点多到了英吉利湾,人群渐渐聚集,两个人先在活动的标志前做各种姿势留影,欢声笑语吸引了新唐人电视台的记者采访。先生平常被我们戏称为"二货",在摄像机面前倒毫不发怵,谈到了自己作为新移民,如何快速融入加拿大社会的感受,为什么今天会参加冬泳活动等等,侃侃而谈,很有名人范儿。参访结束,海滩上人山人海,各种夸张的装扮,让人以为来到了万圣节的化妆舞会,甚至有一对新人,穿着婚纱也来参加。两点半,一声令下,欢乐的人群呼喊着、尖叫着冲入冰冷刺骨的海水。一部分人在沾湿了全身后,尖叫着,快速冲上岸,浑身打着哆嗦——我家

冬泳前,先生接受唐人电视台记者采访,侃侃而谈。是不是名人范儿十足?

的"二货"就是其中一员；另一部分人勇敢地游向远处的浮标，是冬泳的真正参与者——Sean 是其中一员，他来自山东青岛，从小就是游泳健将。我们为他的勇气啧啧称赞。

之后发生的事情就令人啼笑皆非了。

我们作为后援团，保管着他们俩人的衣服，先生以"湿身"的方式感受了冬天海水的刺骨之后，快速返回，到更衣室换了衣服。我们就抱着 Sean 的衣服，在海滩上望眼欲穿，等待勇士的回归。时间一分一秒地过去，海面上的人都一个一个上岸了，越来越少，还没有看到熟悉的身影。我们有点儿着急了，不会溺水了吧？我跑到一个救生员那里，说我们的朋友没有回到岸上，会不会出事了？他满不在乎地说不可能，以前也从没有出过事故，叫我耐心些。我们只好继续等待，半个小时过去了，海面上已空无一人，我们更着急了。没办法，我只好求助另一个救生员，他很能体谅我们的心情，同时安慰我们，冬泳举办了这么多届，从未出过溺水事件。救生员带着我们在沙滩上寻找，我们穿过沙滩上欢乐的人群，远远看见主席台上一个高大的身影——穿着泳裤、背心，戴着圣诞帽，极目张望，在新年的寒风中瑟瑟发抖——原来他早就游回来了，只是此人方向感极差，上岸后忘了我们在海滩上站的位置，只好站在主席台，等待我们来"认领"。好心人给了他一个背心、一顶圣诞帽，他成了瑟瑟寒风中的一尊"雕塑"，流下的鼻涕几乎冻成了冰棍。

糗事未完，等他俩换好衣服，离开英吉利湾之后，先生突然发现自己的钱包丢了，里面有现金若干、信用卡、结婚照和几张名片。他回忆应该是到更衣室换衣服的时候丢的。茫茫人海，如何寻找？只好自认倒霉。

这真是一个终生难忘的新年啊！

一个月后的一天，先生接到一个开旅行社朋友的电话，问他是不是丢过钱包，原来冬泳的组织者之一——"温哥华游泳中心"的工作人员辗转得到了丢失的钱包，钱包里没有身份证明，只有几张名片。他们通过名片找到了先生的朋友，最后联系到了我们。当我在游泳中心拿到完璧归赵的钱包后，再次漫步英吉利海湾，更觉景色迷人！

《明报》刊登的我们参加冬泳活动的照片

8. Saint Patrick's Day（圣帕特里克节）

3月17日，是爱尔兰人的节日。据说圣帕特里克是一位基督教传教者。公元422年，教皇派遣他前往爱尔兰。他从威克洛上岸传教，当地的异教徒愤怒地企图用石头将他砸死，但他毫无惧色，从容摘下一棵三叶苜蓿，生动形象地阐明了圣父、圣灵、圣子三位一体的教义，使爱尔兰人深受感动，皈依了基督教。圣帕特里克卒于493年3月17日，爱尔兰人为纪念他，便把这一天定为圣帕特里克节。18世纪以后，随着大批爱尔兰移民进入美洲，圣帕特里克节在美洲也成为一个重要节日。在这天，人们举行公众游行、教堂聚会和公共晚宴以庆贺。爱尔兰人在这天还喜欢佩带三叶苜蓿草，用爱尔兰的国色——绿黄色装饰房间，身穿绿色衣服，向宾客赠送三叶苜蓿、巧克力竖琴、长柄烟斗等纪念品。

我和Mina前往Downtown观看了一年一度的游行。我最好的美国朋友Tony在北京工作期间，曾经戴过一顶绿色的绒线帽，以抵御冬天的寒冷。每次他戴这顶帽子的时候，Mina都会禁不住大笑——中国文化中，"绿帽子"是有特殊含义的。当天，游行队伍中，男男女女都"趾高气扬"地戴着绿帽子，让人忍俊不禁——文化的差异真是有意思。游行队伍是一片绿色的海洋，有独具爱尔兰风格的风笛队、踢踏舞队等，温哥华的多元文化氛围体现得淋漓尽致。Mina看得津津有味，和我交流了不少关于爱尔兰民族和文化的问题，引得旁边华文报的记者采访了我俩。

满城皆是"绿帽子"

这些都是绝好的了解异域文化的机会，所以，只要有空，我就会带Mina观看这样的游行。作为一个移民城市，温哥华每个月都会有两到三次这样的文化盛会，一般都在周末。我只是遗憾，周末常常要工作，不能一一看来。

9. Vancouver Pride Parade（温哥华同志自豪大游行）

"出柜"（Coming out）是最近几年流行起来的词语，特指向他人公开自己的性倾向或性别认同的行为。相对不愿意表达自己的性倾向，则称之为"躲在衣橱"（Closeted）或"深柜"。此语来自"橱柜里的骷髅"（Skeleton in the closet），意思为"家丑"，英文中 the closet 被引申为"不可告人"的意思。出柜是英文 come out of the closet 的直译，指公开性倾向、性别认同。公开性倾向即告诉别人你是同性性倾向、异性性倾向、双性性倾向还是无性性倾向，公开性别认同即告诉别人你的心理认同自己为男性、女性或是"第三性"。

该英语典故据说产生于英国。1832 年以前，英国法律禁止医生解剖尸体做科学研究，除非是死囚的尸体。剖尸合法化以后，许多医生开始购买死尸用于研究。由于放在房间内有碍观瞻，只好放在衣柜内等隐蔽处。时间一长，人们便疑心医生的衣柜中有骷髅。由此，该语转义指"不可告人的隐情"。而 come out of the closet 在 20 世纪 70 年代的美国是一句口号似的短语。结合 skeleton in the closet 这个短语，"走出衣柜"这个短语是公开自己真正的样子。在美国，1970 年自从同性恋解放运动兴起后，运动者（如美国 70 年代著名的同性恋权益运动代表 Harvey Milk）鼓励人们勇敢地站出来，参与请愿、争权利、争平等，呼吁大家 come out of the closet。后来更简单的 come out 也可以代表这个意思。随着多年来同性恋权益运动人士和传统宗教力量的多次对抗之后，越来越多的"同志"纷纷出柜，还有越来越多的普通大众都加入为同性恋争取各种平等权利的队列中，在美国取得了很多成就，比如废除了在克林顿时代就残存于军队中对于同性恋的"不问不说"政策，以及 2011 年 7 月，美国纽约州通过的同性婚姻法案等。

温哥华是世界上少数将同性婚姻合法化的地区之一，同志游行则已经盛行有 36 年之久。由于政府对同性婚姻的认可，加上多年来的正面宣导，让同性恋者在温哥华有更舒适、更自在的空间。

我之所以会带孩子去看这个游行，是因为我完全理解同性恋。之前在国际学校工作时，有一位来自新西兰的男同事就是同性恋，和他共事的两年里，我们成为很好的朋友，女人们都喜欢和他交往，因为他懂女人，和他交往感觉非常放心。我还开过一句玩笑："他永远不会因为其他女人欺骗你。"另外，生活在温哥华，同性恋是孩子在生活中不可避免的一个现象，我给孩子解释了同性恋产生的一些原因，比如，男孩从小被当作女孩养育，这些都不是孩子的错,所以对他(她)们应该持宽容的态度。

第36届"温哥华同志自豪大游行",于正午时分,在骄阳下,正式开始。游行队伍由摩托车队领军,从罗伯逊街(Robson St)夹瑟罗街(Thurlow St)街口处出发,最后至日落海滩(Sunset Beach),全程约2.6公里,历时两个多小时。烈日炎炎,丝毫没有减退沿途民众的热情,他们翘首期盼,不时爆发出热烈的欢呼声。

游行队伍的参与者无一不精心打扮,夺人眼球,最大的特色是"反串":女生骑着重机出场,英气逼人;男生身着"同志"象征的彩虹裙、粉红裙,脚踩"恨天高",堪比美娇娘;还有人以全身彩绘的方式真空上阵,大方秀自己,展现"自豪",引得口哨声此起彼伏。除了养眼的劲歌热舞,踩高跷、骑独轮车等杂技也都一一上演。艳阳高照下,不少队伍还体贴地送上小扇子,并用水枪沿途"人工降雨",与有备而来的民众展开水枪大战,平添了不少乐趣。

参与游行的并不全是"同志",政府部门也加入了游行队伍中,如消防局、警察局、皇家骑警和医疗救援等部门,政客们也趁机亮相,表达了对活动

同性恋游行中的"名人"花车

的支持。

第一次看到这样激情四射的游行,新鲜感扑面而来,同时也感受到温哥华的多元化和包容。**Mina** 对游行的评价是:**really eye-opening**(真是大开眼界)。我相信,她也会逐渐理解他们的口号——**Straight or gay,it's OK**(同性性倾向或异性性倾向,都没有关系);**No freedom till we are equal**(只有我们平等了,我们才有了自由)。

当然,也有对游行持反对态度的,昆特兰科技大学(Kwantlen Polytechnic University)一名教授在社交网站推特(Twitter)上发表言论,认为"同志自豪大游行"令人感到不舒服,不适合全家共赏,更别提带自己的孩子参加此类活动,希望停办这类活动。此言一出,即遭到各界人士批评,认为他太过极端。

谁是谁非,没有定论——一个开放民主的社会,每个人都可以自由地表达自己的看法。

10. 温哥华国际烟花节

一年一度的烟花节是温哥华城中的一大盛事,烟花节庆祝是加拿大最大的烟花表演活动之一,每年都吸引全城民众前往英吉利湾附近观赏。2014 年,温哥华烟花汇演由美国、法国及日本三国表演。8 月 2 日,适逢中国的"七夕",日本 Akariya 队压轴出场。过去 10 年里,这支队伍曾在世界各大国际烟花节上拿下 6 个冠军。Akariya 队将自己定位为"烟火音乐剧场",宣传中号称:表演时节奏鲜明、音效强悍,过程相当魔幻。"七夕"看魔幻烟火表演,我充满了期待。

在官方网站上已经查过了相关信息,知道停车是个大问题,我和 Mina 决定乘天车出行。当晚,天车上的乘客远远多于平日,原来大家都是去看烟花表演的,此活动的吸引力可见一斑。下了天车,根本不需问路,只要随着匆匆的人流,自会到达我们想去的地方——全城总动员,毫不夸张。

9:50,我们到达了 Sunset Beach(落日海滩),海滩上已经挤满了人,我和 Mina 没有继续向英吉利湾进发,而是在海滩上的大石头上坐下,等待 10 点整的烟花盛放。遥看英吉利湾的天际还透着些许落日的微光,沙滩上的人都静静地等待。遥想中国的古人在"七夕"这天,"银烛秋光冷画屏,轻罗小扇

绚烂的烟花照亮了英吉利海湾的夜空

扑流萤。天阶夜色凉如水,坐看牵牛织女星",所思所为也颇为浪漫,真是古今人性一也。不知今晚,牛郎与织女会不会在天上携手观看烟花盛放?

  10点整,魔幻大戏正式拉开帷幕。遗憾的是,因为隔得远,完全听不到宣传词中所说的"节奏鲜明、音效强悍",不过火树银花,时而如金蛇狂舞,时而如流星陨落,照亮繁星点点的夜空,在水面形成倒影,艺术效果非同寻常,确实是一场视觉的盛宴,人群不时爆发出惊呼声。

  烟花摇曳在夜空中,呈现绝美的姿态。当我目不转睛地盯着烟花绽放,还来不及在脑海中印上她的芳踪,她已迅速地消逝了,就如同一个幻影,让人疑心她是否真的在眼前开过。"昙花一现",常形容一种绝美的转瞬即逝,而烟花的生命却不知要比昙花短暂多少倍,绚烂多少倍!那夺目的流光溢彩,那变幻的五光十色,爱她的人迷醉于她的瑰丽,怜她的人惋惜她生命的短暂。

  美好的时光总是那么匆匆,半个小时的烟花表演转瞬即逝,但"金风玉露一相逢,便胜却人间无数"——英吉利湾夜空璀璨的烟花会成为我们记忆里最流光溢彩的一幕。

（三）多彩生活

1. 采蓝莓

正如我之前说的，"夏秋时节的加拿大人可以享受各种采摘乐趣：7月摘草莓，8月采蓝莓和黑莓，9月挖土豆、掰玉米，10月收获苹果、梨和南瓜。不用自己汗如雨下当农夫，也能享受那份大自然的田园情趣，体验丰收的喜悦"。

温哥华有很多蓝莓农场，每年夏季到冬季上霜之前都是蓝莓成熟期。蓝莓最为人知的是能够解除眼睛疲劳、改善视力，同时具备抑制血糖，也可防衰老、增强记忆力、防癌、防血栓、增强免疫力等，被联合国粮农组织（FAO）定为人类五大健康食品之一。生活在温哥华，能够经常品尝到品质优良的蓝莓，觉得很幸福。

8月的一天，早上醒来，艳阳高照，采蓝莓去！我们立刻打了电话，约了Mina的小朋友。在网站上查了地址，穿好长裤，戴好帽子，（烈日下采蓝莓要做好防晒工作）驱车从家里出发，仅用了十分钟就到达位于Blundel Road的蓝莓果园。没想到大门紧闭，门上挂着Closed的牌子。怎么办？扫兴而归？我们决定沿着路找一找，没想到，路两边有很多蓝莓园，我们随便挑了一家，把车停在了门口，惊喜地发现门口的大树下拴着一只山羊。Mina欢呼雀跃地跑上前去，搂住它。山羊应该不是温顺的动物，因为它有角，它往后一退，再向前一顶，Mina就被顶翻在地上。逗得我们哈哈大笑，再看那山羊，面露愠色，俨然在责怪自己无端被冒犯，明显提高了警惕等级。

这时，主人从屋里出来，是个20多岁的西方人小伙子，他非常热情，带着我们走到了房子后面。哇！别有洞天，没想到房子后面竟然深藏着一个4英亩的蓝莓果园。他说我们可以把树枝从高处拉下来，采高处的蓝莓，随便怎么采，非常灵活。记得网上有些人讲述采蓝莓的经历，有的果园主人怕孩子破坏了果园，不让孩子进果园，孩子没有机会享受到采蓝莓的天然之趣；还有的主人限制客人只能在指定范围内采摘，其余的果树则凛然不可侵犯。比较而言，这个小伙子真是太随和了。接下来，他的一句话更是增添了我们对他的好感：

"一磅七毛五。"什么？简直不相信自己的耳朵，大部分果园的价格是一磅两元，这个小伙子真是给出了史上最低价。他说了句"Enjoy（享受吧）"，便在我们敬仰的目光中离去了。

三个大人兵分三路，两个孩子跟着我。刚开始，孩子们看到了蜘蛛网，有点儿怕蜘蛛和其他虫子，比较矜持。我一再安抚她们，她们很快便进入"小小采摘工"的角色。蓝莓树是灌木，并不高大，只有一米多高，正好适合孩子采摘。让孩子亲近自然，感受自然赐予我们的恩典和劳动的喜悦，其意义远远大于采摘成果本身。看着桶里的蓝莓渐渐多起来，孩子们觉得很有成就感。大家边摘还可以边吃——那个小伙子真是大方，也不看着我们，是故意留出让我们"偷吃"的空间吧？

一个多小时后，我们离开果园去称重，两个桶满满的，总共才6元，太值了！下次还来这家。再回头看看那头山羊，依旧瞪着眼睛，时刻准备着抗击来犯之敌。

2. 看鲸鱼

Mina 有种与生俱来的与动物亲近的能力，记得去维多利亚游览时，她立刻就能和一匹桀骜不驯的马耳鬓厮磨，让大人也不得不叹服。离开熟悉的环境，离开心爱的小伙伴，来温哥华生活之后，能让她迅速安心下来的，最大功臣是这里种类繁多的动物，能与动物亲密无间地接触，对一个孩子来说具有大人难以理解的诱惑。两年来，她一直向往着 whale watching（看鲸鱼），由于每年只能4月到10月间看到，时间不凑巧，所以这个计划一直搁置着。

8月气温最高，即使从温哥华出海到了外海，也不会感到很冷，我开始酝酿看鲸之旅。查了不少网站，最终根据游客的评价，我订了一家从渔人码头出发的看鲸旅游公司。

出发的前两天，我们一直在做功课：分清了海豚、海豹、海狮、海狗、海象、秃鹫，也分清了好几种鲸鱼——座头鲸、虎鲸、小须鲸、灰鲸。出发前一天的傍晚还到渔人码头考察了一下第二天要乘坐的"探险者号"，Mina 唯一的担心是，船会不会被鲸鱼掀翻？她还有一个心愿：希望这一次看不到鲸鱼。没说错吧？真的，因为旅游公司承诺，如果看不到鲸鱼，下一次还可以免费观

地图上的家乡

看。孩子的心理真有意思：希望得到最好的东西，可是又希望留到最后。作为成人，我可是迫不及待地想第一次就看到心仪已久的鲸鱼。事实证明：爱大笑的女人，运气不会差。

　　早上 8 点半，在码头等候。接待处的墙上有一幅超大的世界地图，布满了各色的大头钉——原来，每位游客都在地图上标出了自己的家乡。我们也自豪地标出了中国江苏无锡。船长 Bobby 是一位出生在温哥华的日本后裔，有着丰富的经验。他告诉我们，今天的观鲸之旅会非常幸运，因为大群的虎鲸已经游到了温哥华附近的海域。陪伴我们的还有一个自然学家 Annie，是在读的海洋动物学硕士生，亲切的笑容，详细的讲解——看得出来，她很爱这份工作，享受这份工作带来的成就感。

出发刚 5 分钟,就有了一个小插曲:船的螺旋桨不知被什么卡住了,船长不得不关闭了发动机。大风大浪中的船,随波逐流,晃得人头晕。还好,船长不愧为经验丰富的老手,很快解决了问题——与我们的螺旋桨过不去的是一个塑料饭盒盖,一定是什么人随手丢弃的,因此罪魁祸首还是我们人类——保护环境,真不应该是一句空话。后来的旅程,一路顺畅。首先看到的是高塔上的秃鹫。美洲秃鹫是美国的象征和国鸟,主要生活在墨西哥北部和美国、加拿大大部分地区。由于菲沙河逐年递增的数以百万计的三文鱼大洄游,吸引了上万只秃鹫来此地觅食。目前菲沙河谷已经成为全球最大的秃鹫群居地。

出海仅半小时,随着 Annie 的惊呼,我们看到虎鲸成群结队在水面跃出。虎鲸体形很大,呈纺锤形,表面光滑,皮肤下面有一层很厚的脂肪用来保存身体的热量。身长为 8～10 米,体重 9 吨左右,身体上的颜色黑白分明,背部为漆黑色,只是在鳍的后面有一个马鞍形的灰白色斑,两眼的后面各有一块棱形的白斑,腹面大部分为雪白的颜色,所以十分容易辨认。头部较圆,没有突

正在喷出水雾的虎鲸

出的吻部。鼻孔在头顶的右侧，有开关自如的活瓣，当浮到水面上时，就打开活瓣呼吸，喷出一片泡沫状的气雾，气雾遇到海面上的冷空气就变成了一根水柱。虎鲸高耸于背部中央的强大的三角形背鳍，十分抢眼，雄性虎鲸可达1.5米高，既是进攻的武器，又可以起到舵的作用。它们是企鹅、海豹等动物的天敌，有时还袭击其他鲸类，甚至是大白鲨，可称得上是海上霸王。虎鲸是一种高度社会化的动物，基本社群单位为小型母系群体，一般由2至9头血缘关系相近的虎鲸所组成，此母系群体会长期维持稳固，所有成员似乎会共同分担养育工作。多半由最年长的雌鲸居于领导地位，而待在小群里的雄鲸通常是该雌鲸的后代。

　　航行的两个多小时里，一直有虎鲸从水中跃身击浪，甚至高高跃起，腾出水面，大家都举着手中的相机，随时抓拍精彩的瞬间。但是，它们的动作太快了，往往你按下快门的那一瞬间，它们已经没入水下，似乎在逗你玩。据说，虎鲸能发出62种不同的声音，堪称鲸类中的"语言大师"，它在捕食鱼类时，会发出特别的声音，鱼类在受到这种声音的恐吓后，行动就变得失常了。它们还能发射超声波，通过回声去寻找鱼群，能准确判断鱼群的大小和游的方向。幸运的是，我们看到了它们围堵三文鱼的场景，三文鱼不断地从水面跃起，最终仍难逃厄运。

　　在一艘远洋轮船的平台上，一群海狮正在惬意地晒太阳，随风飘来它们浓重的体臭。我们初以为是阳光下的一片祥和宁静，却不料暗藏杀机。一只平台边缘的雄性海狮，竟被推下了海——原来是平台上僧多粥少，只有一只雌性个体，争夺配偶大战拉开了序幕。

　　回程，一只虎鲸居然从我们的船下游出，近在咫尺，喷出映出彩虹的水雾，似乎在欢送我们，英语里把彩虹叫作rainbow，听着就觉得很美。

3. 夏日露天电影

　　记得小时候看免费露天电影，在电影开演前两个小时就自己带小板凳去抢占地盘，那种急切的心情至今还记忆犹新。现在电影院越来越豪华，可是那种最简单的快乐呢？每到电影院，总觉得坐在豪华座椅上的人不过是耽于回忆的空壳，然而，随着影院变幻的灯光亮起，回忆却失去了方向。

户外露天电影，是温哥华每年夏天深受市民喜爱的保留节目。相比起坐在室内电影院看电影，在风景如画的公园或宽敞的操场设置的露天影院，因为贴近大自然，令人体验到另一种野趣。Fresh Air Cinema 是一家提供全面服务的户外电影公司，他们采用巨型充气电影屏幕、投影机、音响系统和发电机，以在加拿大全国各地建立起一个个"露天电影院"而闻名。而他们为大家创建的"星空下的影院"也成为精镶很多人美好夏日记忆的一部分。北美有的城市看露天电影，是 drive-ins 的形式，即坐在车里看或可以把车开到放映地点，然后从车里拿下小椅子坐在车旁看，但温哥华的露天电影，基本是不能把车开到放映地的。

忙完一天的工作，我们一家人吃过晚饭，驱车赶往 Richmond 市的 King George West Park。夕阳的微光中，微风拂面的草地上已然坐满了各种肤色的观众。有的铺块地毯，或躺或坐其上，有的带上几把沙滩椅，再带上一些零食，置身于天地自然之间，静静享受一部好电影。抬头还能看见满天繁星，偶尔飞过的夜航的飞机。

夜色渐浓，电影就要放映了！耀眼的灯光像一道闪电划破夜空，适才的人声鼎沸立马安静了，全场鸦雀无声，所有眼睛齐刷刷看向面前的露天银幕。今天放映的是 The Lego Movie（《乐高大电影》），特别适合一家人观赏。当音乐 everything is awesome 响起，全场一千多人都兴奋起来，孩子们手中的荧光棒在空中挥舞，这就是露天电影最大的乐趣吧。

电影散场后大家还恋恋不舍，久久不肯散去，有人还趁着夜色在公园里和朋友聊天。

因为有备而来，我们穿上了外套，抵御了温哥华夏夜清冷的空气，提前喷涂了香水，免受了夏日夜晚露天场所蚊虫的侵扰。Perfect Evening（完美夜晚）！

4. 户外活动

华人中流传一句话："好山好水好寂寞（加拿大），好脏好乱好快活（中国）。"是这样的吗？

加拿大是户外活动的天堂，骑车、登山、滑雪、露营、野餐、钓鱼、钓螃蟹、打高尔夫球……都是普通百姓消费得起的活动，不需要花很多钱。学校在每次放寒假、春假、暑假时都会发社区游泳中心和滑冰中心的免费门票，鼓励孩子参与运动。

加拿大人很重视从小培养孩子的体育爱好，送孩子去参加各种训练班。最热门的当属冰球——加拿大的国球。每到周末，就见大人领着小孩，去社区中心或练球，或参加比赛。有的孩子只有七八岁，却拖着一个比自己还要高大的袋子，里面装着专业的冰球用具，令人心生敬佩。

踢足球的场地在绿色的大草坪上，这样的公共绿地一般称为"××公园"，我家附近的叫作 Minoru Park，一年四季，只要有空，我就会和女儿一起去跑步。这个场地几乎每到周末都有足球比赛，即使下雨也照常进行。看着运动员在大雨中奔跑、冲锋，你会感受到加拿大人对户外运动的热爱。

在国内，打高尔夫球被视作富人的运动，是商界巨贾、演艺明星等玩的项目。参加高尔夫俱乐部的人光是年费就要交几万到十几万，普通百姓望尘莫及。在加拿大，打高尔夫却是实实在在平民化的健身运动，价格很便宜，通常十几刀就可以打一次。我们住的 Richmond，有很多高尔夫球场，大片草地、山坡、绿树、湖泊，样样俱全，设施都是国际一流的。

骑自行车锻炼是一项受欢迎的活动，骑行者必须戴着安全头盔，有的地方自行车道是与机动车道分享的，比较危险，尤其是夜间。所以很多自行车配备了夜间发光的装置，骑行者也会穿上反光服，或在身上戴发光的物件，警示机动车的司机。更多锻炼的人会选择去公园里的自行车专用路上骑行。有一次，听了社区中心工作人员的讲座我才知道，专用的自行车道地图可以在网上下载，大温地区的每一条专用路都被清晰标明，真是人性化到极致。

在国内，打网球比打乒乓球、羽毛球贵，主要是因为要租用专用网球场；温哥华的网球场却是免费的，很多路边公园都有网球场，一般都是在很大一片草地上，网球网是现成的，只要带自己的拍子和球就行了。

还有就是打猎和钓鱼活动，须遵守有关法规，并需向政府领取执照。无论是在海水或是淡水区域垂钓，都需要执照，执照可以上网申请，也可以前往任何 Service BC 中心申请。

在 Dear Lake（鹿湖）健走，醉人的枫叶

生活在这里的西方人热爱运动，自是不必说了，华人也会渐渐爱上运动，很多人都是隐藏民间的高手——所以，我一直说，温哥华是个卧虎藏龙的地方。我从小就喜欢游泳，其他泳姿没学好，一直坚持蛙泳，朋友中还真没有几个人比得上我。一次，先生向朋友 Michael 吹嘘我的蛙泳很厉害。Michael 来自重庆，在温哥华已经生活了十多年。他就提出要和我比试。比赛的结果出乎意料，25 米的泳道，我才过半程，他已经伸手触线。怎么会？差距也太大了！他满脸带笑，平静地告诉我们："小时候，我是乐山五通桥游泳队的。"从小生活在四川乐山的我，对这个如雷贯耳的游泳队太熟悉了，业余选手怎么能和专业选手比试？虽然输了比赛，不过发现了高手，自然要向他多取经——女儿得到了他的专业指导。

自己安排好生活，便不寂寞。也衷心希望远在国内的人们，越来越喜欢运动哦。

5. 僵尸漫步

Zombie Walk 是每年夏末温哥华最大的游行娱乐活动之一，在温哥华电影学校特技化妆师的协助下，每一位参与民众极尽创意之能事，装扮出最具创意、最栩栩如"生"的僵尸，成为一道"别具特色"的风景。吸引了上万观众，和僵尸们一起从温哥华美术馆出发，沿着市区 Robson 街一路巡游至英吉利湾。

近年来，僵尸电影大行其道，探究这一特殊"文化"流行的原因，也是颇有意思：安娜莉·纳威兹是一名科学领域的资深记者，2011 年发表了一篇文章——*A History of Zombies in America*（《美国僵尸历史》）：在美国，僵尸的传说起源于加勒比海上的奴隶与殖民文化。在海地，关于僵尸的故事一直流传。这些僵尸往往被一个主人控制着，漫无目的地东游西荡。20 世纪早期的僵尸电影是与殖民文化紧密相关的。从 60 年代起，僵尸电影中的奴隶文化逐渐弱化，完整的僵尸形象基本确立：喜欢啃食人肉、没有思想、喜欢群体活动、一旦被僵尸咬到就会变成僵尸等。

如今一提及僵尸，普遍的形象就是：皮开肉绽，浑身血迹，眼目浑浊，神情呆滞，衣衫褴褛，没有知觉，蹒跚前行。一旦看到活人就血脉贲张，癫狂不已，只要一息尚存，就丧心病狂地吃人肉喝人血。现在僵尸电影已经普遍地与灭绝级瘟疫联系在一起，美国国土安全部拿"僵尸来袭"作为灾难的象征，也是大部分僵尸电影的主题——利用僵尸的恐怖形象引起人们对大灾难问题的重视。这些僵尸电影刺激了电影市场，特别是给美国恐怖电影增添了花色品种更多的元素。而僵尸相比其他类型的恐怖形象，拍摄成本低，不需要给观众铺垫过多的背景知识。由于僵尸的行动速度很慢，因此对演员演技的要求也很低，因此可以直接雇佣大量廉价的群众演员，甚至可以用电脑特技完成。而美式影片"既要有末日，又要有全民皆战"的感觉，僵尸题材无疑是符合要求的。

僵尸漫步最早是在 2001 年在北美发起，参与者打扮成僵尸在大街上行走，当时的目的就是促进当地的午夜电影节。没多久，整个非洲大陆城市陆续效仿。到 2005 年，温哥华的僵尸漫步开始有 400 多人参与。

只见温哥华美术馆门口，人头攒动，所有僵尸配合地摆出各种夸张造型，张牙舞爪地出现在镜头前。有的僵尸推着婴儿车，车上挂着血淋淋的人头；有的头上插着一柄穿透脑颅的螺丝刀……化妆逼真，惨不忍睹。刚开始，僵尸就给了 Mina 一个下马威——一个浑身血淋淋、嘴里叼着一只断胳膊的僵尸，在我们身后轻轻拍了下 Mina 的肩膀，她回头一望，吓得尖声惊叫，回过神来，又哈哈大笑。我们仿佛置身于僵尸电影的场景中，我暗暗感叹：还好是白天游行，如果是阴森恐怖的夜晚，还不吓出个灵魂出窍？

3 点，游行正式开始，套用知名游戏"植物大战僵尸"中的语句——大波僵尸来袭。这次活动是群众自发的集会，没有警车开道，没有封路。僵尸及行人通过时，受阻的汽车都慢行让道，没有人埋怨。

三、温哥华的公交系统

◎交通是城市的动脉。

> 如今,智能公交系统越来越受青睐。所谓智能公交,就是运用当下最先进的 GPS 定位技术、3G 通信技术、GIS 地理信息系统技术,建设公交智能调度中心,对线路、车辆进行规划调度,实现智能排班、提高公交车辆的利用率,同时通过建设完善的视频监控系统实现对公交车内、站点及站场的监控管理。

  温哥华的公交系统发达,曾多次被评为北美最佳。巴士线路几乎通达每条街道,其独特的 skytrain(空中铁路)是温市的标志之一。

  温哥华的乘车票分为月票、本票和一次性磁卡票。其中,月票又分一个区、两个区和三个区,价格不同,学生和老人有优惠票。有月票可以乘坐所有线路的公交车、快线车、天车和海巴士(乘船过海到北温)。

  不论哪条线路的车,都像火车一样定时发车。公交车一般在早晚高峰期间 10—15 分钟一趟,平时 20 分钟或半小时一趟,周日及节假日有的线路甚至会一小时一趟车。通常我都会按时间表出行,非常方便。具体时间表可上公交系统的网站 www.translink.ca 查询。如果不看时间表出行,有时等一个小时左右也是常有的事。

  巴士车的车头前面可载两辆自行车,由乘客自己放好、固定,下车时自己取下。巴士车头前面有电子屏幕显示几路车及行车方向。不载人时显示 sorry, no service(对不起,现在不服务)。车内有电子屏显示车站,并有语音报站。

为了便于婴儿推车、轮椅、老年人上车,巴士会 kneeling(跪下),即车头整体下降,车门台阶降低,便于乘客上下。车门有专用的轮椅通道板。上车时,轮椅绝对优先,所有人都耐心等候踏板自动放下,轮椅开上去,司机帮忙系好安全带,固定好轮椅。然后司机操作按钮收起踏板,其他人才陆续上车。整个过程可能会持续三五分钟,即使是上下班高峰,也没有人抢先,更没有人表现不耐烦。秩序是大家共同遵守的规则。

等车时,大家自动排成队,不急不躁,有时巴士会误点,甚至落空,没有按时刻表运行,上车后也没有人向司机抱怨。

车上有老残妇儿专用座位,大家都自觉遵守。没人时,这些座位谁都可以坐,一旦有老人或轮椅、儿童推车上来,坐着的人都会主动让出座位。一般先上车的人会主动坐在双人座的里座,把外面留出来,方便其他乘客就坐。就像乘自动扶梯时,大家会自觉站在右侧,留出左侧让需要的人快行。

乘客下车时会说声"谢谢",对司机的服务表示感谢。司机的服务也确实周到,有老人上车时,会等待直到站稳或坐好后才开车。乘客下车,司机关车门、起步都是不紧不慢,绝没有着急关门夹着人的现象发生。虽然有运行时刻表,但遇到有人在车下问路时,司机都会耐心解答直至乘客明白后才关车门。

温哥华市中心的观光车

如果有人需要到站提醒，司机会在到站之前提醒乘客。乘客下车需要拉绳，车上的电子屏会显示前方车站有人要下车。没人拉绳或是无人上车，巴士就不停了，节省了乘客的时间。下车时，车门不会自动打开，需要用手推一下。奇怪的是，如果车在十字路口前等信号，有乘客要求提前下车，司机一般会给予方便，打开车门让乘客下车，很灵活。唯一让人担心的就是乘客下车后的安全问题。

我遇到过的最有意思的司机，是从白石镇（White Rock）到列治文（Richmond）公交车的一个司机。连续几周，我从白石下课后，坐车回家都会遇到他。他一路都在用喇叭和大家讲话，或是介绍沿途风光（一路都走高速公路，从白石镇，经过三角洲，到达列治文的 Bridgeport 车站），或是讲他和妻子的生活趣事，半个多小时后，公交车到达终点站，他会下车，站在车旁和每一位乘客告别，他说他的妻子感谢每一位乘客，因为有了乘客，他才有这份工作——感恩之心投射到工作中，每一天他都生活得那么快乐，幸福指数超高！这种生活态度，真是值得我们每个人学习。

四、考驾照与挨罚事件

◎真正让人成长的不是鲜花掌声,而是荆棘呵斥。

> 驾考通过,梦想成真,换一个角度来想,多次的路考最终让我的驾驶如行云流水一般,这也是我最大的收获。
>
> 新移民从买车、行车到停车,几乎都接到过罚单。罚过了,心疼了,重视了,改过了。这个移民国家良好的社会秩序就这样被保存下来,没被不懂规矩的各国移民破坏。

(一)驾照辛酸史

　　定居温哥华后,根据当地的法律法规,国内的驾照只能用三个月,需要通过理论考试和路考,申请获得当地的 5 级驾照。温哥华的路考非常严格,即使是在中国有多年驾龄的老司机,也很难一次性通过,而且是驾驶时间越长越难通过,因为长期养成的驾驶习惯根深蒂固,很难改变。我听过的最夸张的是 14 次才通过。学生年满 16 岁就可以参加考试。我有一个女学生,曾经绘声绘色地向我描述过她在路考时,把汽车开到路边人行道上的惊心一幕,可以料想此考官从此对中国人该有多严厉了。

　　年轻人初学驾照,需要先从 7 级驾照考起。对此,我建议一定要有足够长的学习时间,熟能生巧,不能心存侥幸,否则像我之前提到的那名女生一样,考试时居然出了威胁安全的情节,对自己、考官和路人均非常不负责任。有不少人建议,如果有机会回国,在国内报名学习基本驾驶知识,对汽车有基本的操控技能后，到温哥华再参加考试。原因是，在温哥华学车成本比较高，练车一次 2 小时，每次 50 刀，而新手至少要练 15 到 20 次。

我的路考经历，也是一段历练自身的宝贵经验。作为本科学习理科的女汉子，每次的实验，我都能做到尽善尽美，对自己的动手能力很是骄傲。2007 年在国内学习驾驶，无论是笔试还是几次路考，都是一次过关，当时很是"鄙视"需要重考的同门师兄弟。后来去北京工作，不想为被称为"堵城"的首都添乱，没有买车，就很少开车了。开得少，驾驶技术生疏了，就更不想开了。回到无锡，说起来还有过一段令人脸红的经历：倒车时把自家另一辆停在旁边的车蹭了——不是一般的蹭，是高高地顶起——去保险公司索赔的时候，大费周章，向人解释此事。这事后来成了家里人的笑柄，让我颜面尽失，遂对开车更加没兴趣。

生活在温哥华，不开车极不方便。当生活慢慢安定后，我和先生就准备考当地的驾照了。BC 省考驾照，需要国内驾照的翻译件，翻译者必须是经 ICBC 认证的翻译。打了几个官方网站上提供的翻译名单上的电话，一番讨价还价，最终让他们翻译了两份，每份 20 刀。翻译件拿到后，简单得不能再简单，大学英语四级水平的人几分钟就能搞定，关键人家是有资质的：在加拿大，什么都讲究持证上岗。

于是，我的异国考驾照大戏正式拉开大幕：首先准备理论知识考试，朋友给了一本英文的教材，我又在网上下载了中文版结合起来看。考试前突击一下一些网友总结的上机试题，考试时没有把握的题，还可以跳过，只要正确率高于 80%，笔试即可通过。感谢早期的移民，他们无私地把自己的经验和教训在网上分享，避免"后人"走弯路。我通过理论考试后，也花了不少时间分享了自己的经验——赠人玫瑰，手有余香。记得考试时旁边是个西方人，我还在做题，她貌似考试结束了，却还在机器那里恋恋不舍。我就偷看了一眼旁边的屏幕——78 分，fail（失败）！当时就想乐——咱们中国人的考试能力就是强，老外望尘莫及也！

通过了理论考试，接下来就是约教练练车。因为家里两个人都要考，先生有十年的驾龄，我们觉得他应该很容易通过，就让他先练先考。没料到，他的考试简直就是一段辛酸史——我们是在 Richmond 报名的，前四次路考的考官，一个非洲裔，两个印度裔，一个西方人，皆是男性考官，结果都是失败。他备受打击，痛诉种族歧视的种种罪状。想来也是，一些华人在温哥华开豪车，超速驾车，不守交规，名声不好，所以考官对华人特别严，尤其是在我们所住的 Richmond。所以，有朋友建议去温西考，那里的华裔考官比较多，对华人不苛刻，另外温西没有高速，对于恐惧高速考试路段的考生有利。我的想法是，我们生活在 Richmond，通过几次路考，对这里的路段越来越熟悉，也是好事，先生已经对温哥华的交规耳熟能详，考试没有通过，只是缺少一点儿运气，Chances favour the prepared mind（机遇只给有准备的人）。于是，我极力说服他第五次还在本市考。考试当天，我陪他去，幸运的是这次碰到了超级和善、金发碧眼的女考官。异性相吸，是亘古不变的真理，用先生的话来说，她全程只是欣赏他娴熟的驾驶技术（曾经被称为"东健欧巴"的帅哥又在自恋了），连有一次闯了黄灯，那女考官都说 perfect（完美）。终于完美收关，获得了来之不易的驾照。

接下来就看我的了，从 11 月买车起，我就开车接送女儿上学放学。刚开始，因为对温哥华交通规则不熟悉，加上驾驶技术本来就不娴熟，几乎每天都会被别的司机按喇叭警告。过了 12 月，国内驾照过期，按当地的交通法规，旁边必须有持证司机的监督才可以开车。1 月，已经很少听到别人对我按喇叭了，自己感觉差不多了，就约了教练开始练车。因为这边的规则和国内有很大不同，道路又特别复杂，所以感觉教练的指导还是非常有价值的。练了 5 次，教练就帮我约了路考，记得他当时的原话是"试一试吧"，后来看来，这是个伏笔，他应该也觉得我没有把握。

第一次路考的运气超级好，我的考官是个和蔼的大叔，后来才知道他是华裔。毕竟是考试，况且对自己的水平确实没有信心（我要考的是 5 级驾照，要求至少有两年国内驾驶的经验，而我的实际驾驶经验加起来还不到半年，虽然驾照已经拿了 7 年），我很紧张。途中不幸又遭遇不守规则的路人，急于超车的司机，对我使劲按喇叭，搞得我手忙脚乱。大叔很宽容，一直和颜悦色。危机出现在一次变道时，我太心急了，虽然做了 shoulder check，但没有保持安全距离就贸然变道,被他推了一把方向盘。我的心当即就凉了,根据网友提供的经验——被考官踩了刹车或推了方向盘,肯定失败。后面的考试,我强撑着完成,没想到的是,自己最害怕的高速路,居然完成得很成功。开回 ICBC 考试中心的停车场,我非常沮丧,不料大叔说:Back into the parking lot(倒车入停车场)。啊?网上说,考官让你倒车入库,就是过了。我像被打了鸡血一样,振奋精神,准备倒车——事实又一次证明了这个普世真理:机遇只给有准备的人,没有给我这个未好好练倒车的人。因为之前提到的倒车的阴影,我选了个空旷的地方,不料没有参照物,倒车过程我又看不到地上的白线,心里一急,乱打方向盘,最后的结果——停车压线。我无助地看着和蔼的大叔,他无奈地在纸上写下 NO。看得出来,他很想让我通过,是我自己把大好的机遇浪费了,欲哭无泪。

　　大约两周后,教练帮我约了第二次考试。每次租他的车考试,加上考前练一个小时,要 100 刀。这次我没有租用他的车,开着自己的车就去了。教练的车,在副驾驶的位置有刹车,让考官在紧急情况下可以强制停车,自然会给考官一份安全感。不过因为我要考的是 5 级驾照,不是新手考驾照,所以我想考官是完全可以理解的,所以我才敢开自己的车。此番碰到的是一个刚从澳大利亚度假回来的印度裔考官,我试图和他套磁,拉近关系,博得他对我这一弱女子的同情心。可惜,可能刚从阳光沙滩的度假生硬地切换到单调乏味的工作,他非常不爽,总之,他对我的套磁毫无反应,少言寡语,全程铁面。这一次考试,我牢记上次的教训,注意了变道的问题。没想到,左转弯时,因为看不到对面是否有来车,我就想保险一点儿,等着,等到从绿灯变黄灯时再左转,确保安全。没想到,后面的司机等得不耐烦,居然按了喇叭,从旁边超车过去了,考官说我挡了道。等到上了高速,他选的路是我没有练过的,路况不熟。他要求我下高速时,后面有个大卡车,见我打了转向灯,也没有让我,依旧气势汹汹地向我的车开来,害得考官拼命对我喊 speed up(加速),我心里嘀咕,speed up 还怎么下高速?结果很悲催,我又失败了。不过,我心存感激的是,考完后,考官花了一些时间告诉我一些驾驶技巧,和我平常的驾驶习惯不同,还是很有启发的。

因为第二次没有租教练的车，第三次就不可能让他帮我约考试了，我只好早早起床，参加 stand by test（临时考试）。赶到考试中心，还没到 8 点，可我已经排到第四个了。终于等到 11：45，叫到了我的名字，我因为内急，询问能不能先去洗手间。西方人考官很和善，要我快去快回。等我解决完私人问题回来，安排考试的人员告诉我，考官已经去吃饭了，让我下午 1 点来。就是这个小插曲，之后情况急转直下。1 点回来，我又一次遭遇了上次那位印度裔考官，他把少言寡语和全程铁面又复制粘贴了一遍。这一次，左转弯时，我牢记上次的教训，看见空挡就准备左转，不料他抓住我的方向盘，说安全距离不够——上次不转，你说我挡道，这次要转，你说不安全，你到底是想让我怎么样？在学校区域，我注意了车速控制在 30 左右，不料他还是说我超速。这一次我心里不服，可也无可奈何。

第四次，我 7 点半就到了考试中心，前面已经有两个印度人在排队了。这一次感觉特别顺，8 点半开始考试，就开始依次安排 stand by 了。说也奇怪，当天我很平静，没有一点儿紧张。不知道是自信，还是死猪不怕开水烫，这次不行，下次再来。那两个印度人出去后，就再也没有回来——他们都失败了。10 点半就轮到我了，考官是女的。其实每次来考试，都会看到她，几乎没见她笑过，我就叫她"女金刚"，以前就祈祷过，千万不要遇到她做我的考官。不过此番，什么考官对我都是浮云，我心里波澜不惊。她出门就给了我一个下马威，走机场路，我没练过，只好安慰自己，小心驾驶，注意路标。一切正常，接着上了高速，也正常。下了高速，问题来了，因为是单行道，我把车停在中间等待左转。等了一会儿，信号灯还是没有变，却听得"女金刚"严厉的声音：You didn't stop on the sensor（你没有停在感应器上）。我只感觉踩着刹车的右脚开始无助地颤抖，因为我从没听过什么 SENSOR（感应器），教练没教过，之前的考官也没说过。我不知如何是好，只有道歉。她依旧不依不饶，Do you know what I mean（你知道我是什么意思吗）？我只好坦白，并做出非常好学的样子：where is the sensor（感应器在哪里啊）？她没有做任何指示，不再理我。我只好把车向右靠了靠，也不知是不是 SENSOR 感应到了，信号灯变绿了，我终于通行了。快到考试中心的路上，我心想她把我折腾得也差不多了，应该是让我往回开了。在她没有下指令的情况下，我便右转。猛听得她一声晴天霹雳：**What are you doing**（你在干什么）？吓得我一哆嗦，原来我又犯错了，她可能还想让我绕一圈。我只好又道歉。这一次，她没再坚持，顺水推舟，让我进了停车场。只听她说，**Back in**——这可能是我听过的最美妙的天籁之音：我过了！

回想半年来的考试经历，真是虐心虐身之旅。到一个新的地方重新开始，确实不易，且行且珍惜！

温哥华的考官到底有没有歧视华人的问题？这么多次考试的经历，客观地说，确实有，但一半的原因在我们华人自己。华人除了开豪车、超速、不守交规外，还有更恶劣的。曾经听过考试中华人试图贿赂考官的事情，没想到，这一幕确实在我考试那天发生了。一个50岁左右的中国男人，驾驶考试当天也是衣冠楚楚，外表判断在国内一定是非富即贵的角色。当时我在ICBC大厅候考，此人的路考比别人结束得都早，考官回来后，让他等候，然后向上级报告了此事。原来，他以考试当天是中国传统的"端午节"为由（从未听过如此奇葩的行贿理由），向考官行贿，希望顺利通过。在这个法制的社会

随处可见的老爷车

绝对行不通，自然此次考试作废，他也被记下了个人资料，不知道会有什么样的惩罚。不论他是否受到惩罚，有一点毋庸置疑：正在或将要考驾照的中国人更要遭殃了。

驾考通过，梦想成真，换一个角度来想，多次的路考最终让我的驾驶如行云流水一般，这也是我最大的收获。

（二）花钱买教训

先生停车没有养成看指示牌的习惯，这是在国内长期形成的，被罚过之后，才学会先看指示牌，再停车。

当时我们刚到温哥华不久，还住在家庭旅馆。一个周末，女儿想去图书馆借书。因为是第一次去 Richmond 公共图书馆，我们查好线路就出发了。到了图书馆，才发现这个区域还有游泳馆、滑冰馆和老年人活动中心，车来车往，找一个车位停车很不容易。先生让我和女儿先下车到图书馆里，他慢慢找停车位。没过一会儿，他就停好车在图书馆里和我们碰头了。

大概十分钟后，我们借好书，有说有笑地走出来，到了停车场，傻眼了——汽车前挡风玻璃上夹了张黄纸条，取下一看，是罚款单，70 刀！如果在一个月内交，可以只付 45 刀。根据上面的说明，不能在给轮椅通行的斜坡上停车。我们下车仔细观察了地形，这个位置也像别的车位一样在左右两侧画了白线，宽度也无二致，仅仅是在车后还有一条白线，形成一个封闭的框。前面是 Minoru Park 的运动场，这个位置应该是通往运动场的通道，但确实看不出来是斜面。在我看来，批评先生停车时粗心大意，确实太苛刻——除了多一条白线，是不是应该有标识，明确警示不准停车？

回到家，我在网上查询时，发现居然有"申诉"后免除罚款的先例。于是我决定试一试，第二天我和先生就去了 Richmond City Hall（市政厅），工作人员态度和善，我向她说明想申诉的意愿后，她帮我接通了主管部门的电话。我在电话中说明了当天的情况，并表明自己申诉的理由是：过错应该在于主管部门没有在该位置明确标识，作为新移民，无法知道该处禁止停车。没想到，这位主管回答我：It's a bad way to learn as an immigrant（这是学习做一个移民的好方法）。我哑口无言，只好乖乖地交了罚款。从此以后，我更留心这个城市的无障碍设施，这是一个现代城市文明的标志。

还有一次，一个周六，我们一家人和朋友开心地驾车到 Downtown 的一个韩国餐馆享用美食，回到家，发现邮箱里赫然多了一张 45 刀的罚单，颇有点儿"乐极生悲"的意味。

看着罚单上的日期，罚款原因是 No stopping zone（禁止停车区域），我和先生仔细回忆当天的情景：我要去购物中心购物，他要去办事情，就顺路送我到购物中心。过了十字路口，他就像在中国一样，把车停在了路边，我下车。前后不过十几秒。当时，我感觉后面有个老外，把车停在了我们的车后面，奇怪的是，他用照相机拍了张照片就开车离开了，我们丈二和尚摸不着头脑——原来，那是个便衣警察。可为什么罚我们呢？禁止停车，就是不能把车停在那里，我以迅雷不及掩耳之势下车，汽车并没有停止不前啊！

仔细研究后，才知道问题出在哪里。原来"禁止停车"和"禁止泊车"是两个不同的概念。停车（stop），汽车停下，上人下人；泊车（park），把车停下，锁车走人。停车和泊车的交通标识，是完全不同的。一个红色的圆圈，中间画一红杠，停车标识的中间是黑色的六角形，泊车标识的中间是一个 P 字。当天停车的地点，竖着的牌子上有黑色六角形，所以是禁止停车区域。虽然当初的理论考试我们俩都是轻松过关，其实都还停留在纸上谈兵的阶段，没有真正参透含义。相信这次 45 刀的罚款，一定能让我们记得标识的真正含义——花钱买教训。

新移民从买车、行车到停车，几乎都接到过罚单。罚过了，心疼了，重视了，改过了。这个移民国家良好的社会秩序就这样被保存下来，没被不懂规矩的各国移民破坏。

名校,并不遥远

SAT、ACT究为何物？是披着神秘面纱、凛然难以直视的女神还是亲切、平易若邻家姐妹？GPA如何计算或评估？SAT1、SAT2如山横亘，如何让孩子从容应对？如何选择AP和IB？灿若群星的学校中，如何一见钟情或千挑万选名校中的那一个？用否学习第三种外语？如果用的话，是法语还是西班牙语？这两种语言各自有怎样独到的风景？它们的远处又各自有怎样的劬劳和锦绣在等待着你和你的孩子？报考名校之路究竟有多少荆棘与鲜花？名校在前，如何面试方能脱颖而出？当你的孩子被名校青睐有加，抑或当你的孩子暂时仍"名花无主"，作为家长，应该怎么做？作为求学者，又应该怎么做？

一、揭开 SAT 的面纱

◎我的理解是，SAT 是星期六的缩写，经历了辛劳才能通向快乐。

> 距离中国内地较近的 SAT 考点还是很多的，仅就香港和新加坡两地而言就可见一斑。其中，香港九龙地区有 6 个考点，香港岛地区有 3 个考点，新加坡地区有 21 个考点。新界地区有 7 个考点。目前，中国大陆尚无 SAT 考点，前段时间有上海外国语大学将成为中国内地首个 SAT 考点的说法，但愿这不仅仅是传闻和梦想。让人坚信的是，中国内地设置 SAT 考点定会成为现实。

SAT（Scholastic Assessment Test）学术能力评估测试，俗称"美国高考"。由美国大学考试委员会统一出题的美国高考包括 SAT1（学业能力综合评估考试）和 SAT2（学业能力专业评估考试）。SAT1 考试只有一门，要考 3 个多小时，包括阅读、写作（包括作文和语法）和数学部分。每个部分满分 800 分，总分为 2400 分。SAT2 考试按不同专业分为很多门，每门只考一个小时。两种考试都可以考多次，大学一般按最高成绩算分。北美名校，包括加拿大的名校，大部分要求学生在申请大学时送 SAT1 成绩以及 3 门不同专业的 SAT2 成绩。

准备美国高考与准备学校的考试是很不同的。学生可以选择一个有把握的时间来考 SAT1，没考好还可以重考。SAT2 专业考试，一共有 20 多门不同的科目，学生只需选最有把握的 3 门。所以，完全可以通过自学准备美国高考。另外，在美国和加拿大的高中，学校基本上没有专门为准备美国高考而设置的课程，学校的老师也没有教学生如何备考的责任，这是每个学生自己的事。

　　按照 SAT1 出题者的说法，这类考试不仅测试学生应该掌握的知识，也考核学生的考试技巧。知识是不受时间限制、且可以通过长期学习积累而来的，而考试技巧则是需要反复训练才能获取的。

　　在一般学校上课情况下，学生对某段文章或文字的理解，老师是可以允许学生有不同理解的。可是，在 SAT1 的阅读理解中，出题者只允许学生对试题有一种理解，那就是符合出题者意图的理解。要在短时间内准确猜测到出题者的意图，从而选择到出题者要考生答出的准确答案，考生必须经过反复做题的训练，才能熟练地找到准确答案。数学题也一样，学生必须在规定的时间完成解题。一名考生，即使数学基础很好，也知道怎么解题，如果不能快速完成，同样不能得高分。而快速解题的唯一方法是反复做题训练。

　　美国大学考试委员会提供了大量的练习题，包括 OG（官方指南测试）、OC（在线课程测试）、**past paper**（真题）。我一直用一句话鼓励学生——"从量变到质变"，熟能生巧，做得多了，速度自然快了，得高分如囊中取物。我告诉学生，要善于总结考试技巧，比如，做题时，要在自己不是很明白或不太有把握的地方圈一下，有利于快速倒回去检查和复习。

　　ACT（美国大学综合测试）是一种可以与 SAT1 互换的美国高考。学生可以选择送 ACT 成绩或 SAT1 成绩的其中一种。随着 SAT 考试的改革（2016 年将实行新的模式），ACT 考试在中国市场的打开，许多学生和家长开始了解 ACT 考试到底是什么，和 SAT 有何区别。而要了解这些，只要登录相关网站即可找到答案。

　　我不教 SAT 数学，但我想结合 SAT 的语言测试部分，分析一下不同教育背景的学生如何突破这一考试。学生可以分为两大类：第一类，中学以前就来到加拿大学习，英文功底不错，数学基础一般；第二类，基本在中国完成中学学习，数学功底不错，英文基础需要提高。看了很多这样的个案，11 年级准备 SAT 的大部分学生不是在数学上纠结，就是在语言上挣扎。作为家长和老师，如果能早做准备，语言、数学，两手都抓，就不至于到 11 年级力不从心。加拿大的数学课本比较简单（我会在关于数学的相关章节详细分析），有志于名校的学生，一定要额外学习有难度的内容，比如加拿大的数学竞赛题目或中国的数学课本。而在中国完成大部分中学教育的学生，可以从初中起，阅读 College Board 推荐的 100 本书目，同时做好笔记，培养良好阅读习惯，最终也完全有可能攻克 SAT 的阅读和写作。

总之，未雨绸缪，早做规划。

二、如何准备 SAT 作文

◎工欲善其事，必先利其器。

> 宝贵的中学五年，如果孩子们用来博览群书，用来参加有意义的活动，他们收获的不仅是 SAT 高分，而是智慧的头脑和对社会的认知与贡献。SAT 是一个标准化考试，有难度的标准化考试，是短期课程，不能当作主要课业几年如一日地学。

在准备 SAT 写作过程中，如果不想参加培训，可以自学。在注册 SAT1 考试的时候，可以注册登记大学考试委员会的网上培训项目。这样，就可以在官网上做模拟试题。写作培训项目中，学生可以在规定时间内写一篇作文，提交之后，机器考官会给作文打分，可以大致了解作文可能的得分。

此外，多读考试资料中的满分范文，分析满分范文的写法可以帮助提高写作技巧和水平。还可以请老师评改并提意见。

申请名校，尤其是美国常春藤院校时，SAT 成绩确实举足轻重。因为进入理想的大学，孩子们要准备的东西太多，以至于有些孩子在 SAT 上花的时间，可从 8 年级一直到 12 年级申请接近尾声——十足是一场旷日持久的马拉松。战线需要拉这么长吗？

宝贵的中学五年，如果孩子们用来博览群书，用来参加有意义的活动，他们收获的不仅是 SAT 高分，而是智慧的头脑和对社会的认知与贡献。SAT 是一个标准化考试，有难度的标准化考试，是短期课程，不能当作主要课业几年如一日地学。确实也有学生，11年级前开始学习SAT，仅仅几个月，一举考到2300，常春藤学校给他递来了橄榄枝。但大部分学生应该是，8-10年级，集中精力夯实基础。准备SAT，有的孩子自己就可以搞定，如果想节省时间，事半功倍，找有经验的老师点拨也行。教学思路正确，孩子会觉得很有意思，很有成就感，相反，就会像大山一样压得孩子和家长喘不过气来，经年累月，没有进步，直接体现就是SAT的分数徘徊不前，以至于很多家长，急病乱投医——不停地带孩子换培训机构，孩子也身心俱疲，同时自信心严重受打击。

许多雇主十分看重求职者高中时申请大学的SAT成绩，即使对于那些已经四五十岁的求职者也是如此。贝恩、麦肯锡等知名咨询公司和高盛等大银行往往要求大学毕业生提供SAT成绩，而有些公司甚至对于高级销售和管理职位，也要求提交此项成绩。招聘经理表示，虽然从SAT成绩无法预测求职者的工作表现，但它却是衡量潜在候选人逻辑思维、解决问题技巧和能力的基本手段。

SAT写作中最重要的就是支持论点的例子，对于中学教育在加拿大完成的学生，因为经过 **Social Studies** 这门功课的积累，历史上的事件、人物，他们可以信手拈来。对他们来说，写作教学注重结构、思路的点拨，提高起来比较容易。而中学教育主要在国内完成的考生，就需要老师按照例子的类别，补充很多材料，学生触类旁通，灵活运用，但这绝不是速成的，所以他们要在写作上花费更多的功夫。

三、AP 和 IB

◎欲识庐山真面目，芒鞋竹杖到山中。

> 当然，并非所有学生都适合选读 AP 或 IB 课程。对于高中成绩不是很优秀的孩子，如果希望进入加拿大的大学，较稳妥的做法是努力提高学校里的成绩，分数尽量高一点；如果想进入美国的大学，应该重视 SAT1 里的英文和数学的考分。学校里的其他科目，则应侧重 SAT2 的对应科目，而不是 AP 或 IB。

（一）AP 课程

AP（Advanced Placement）课程即高级课程，是由美国大学委员会（CEEB）在高中设立的一个教育项目。旨在为天资聪颖、成绩优秀的高中生提供机会，允许他们在高中时期提前选修大学水平的课程。AP 课程通常由教学经验丰富的教师，根据 CEEB 制定的教学大纲予以教授，其难度相当于美国大一的基础课程。AP 课程有 19 个学科和 34 门课程，如微积分、物理、化学、经济、英文写作、文学、环境科学、美国政治与政府、美国历史、欧洲历史、各种外语等。课程包括范围很广，每个科目课程学习一年。学生可根据学校规定和自身能力选修一门或多门课程。如果 AP 课程考试成绩好，有可能直接申请大学学分，这是参加 AP 课程一个最直接的好处。ETS 每年 5 月份举行 AP 考试，7 月可得知考试成绩，考试成绩从 1 分到 5 分。大多数大学都认为 4 分以上为好成绩，并可给予大学学分（有些学校不予替换）。例如，申请人的微积分 AP 考试成绩为 5 分，如果你所申请的大学承认这个成绩，那你在大学一年级时就可以不选这门课程，而同样可以获得这门课的学分。这样你就有精力选修其他感兴趣的课程。AP 考试成绩被大学承认得越多，获得的学分就越多，学生就有更多的时间选修大学其他课程，有可能提前完成学业，甚至大学四年可以完成双学位。对于学子们来说，参加 AP 课程并获得学分在申请美国大学时是相当有优势的。即使学生所在学校没有开设 AP 课程，只要自己感兴趣，也可以自学或参加课后补习班，然后参加每年 5 月的统考。

（二）IB 课程

IB 课程全称为国际预科证书课程（International Baccalaureate Diploma Program，简称 IB 课程），是由国际文凭组织（IBO）为高中生设计的为期两年的课程。IB 课程的文凭是全世界认可的，一般由高中学校开设 IB 课程，学生在完成并通过考试后，可以拿到 IB 文凭。高中 11 和 12 年级学生设置的是两年制大学预科课程。IB 课程不以世界上任何一个国家的课程体系为基础而自成体系，广泛吸收了当代许多发达国家主流课程体系的优点，涵盖了其主要的核心内容。因此 IB 课程体系既具有与世界各国主流教育课程体系之间的兼容性，又有自己教育理念发展下的独特性。

IB 课程分配在六个基础学科领域里，学生既要学习科学科目，又要学习人文科目。所有参加文凭项目的学生，必须在这六个学科组中每组选一门课程进行学习。每一门课程又分为高级课程和普通课程。

IB 课程是富有挑战性并享有较高承认度的较难课程，它为学生进入大学学习并取得国际学士学位证书做准备。IB 课程被全球教育界认可为具有较高学业水准的教育项目，被更广泛的大、中学校接受，在全球范围内迅速发展、壮大，成为国际学生考取国外大学的最理想选择。已有一千多所大学认可国际文凭，其成员校遍布十几个国家。根据 2013 年 6 月 16 日 IB 日内瓦总部的最新资料显示，全世界已有 1425 所 IB 学校分布在 115 个国家同步教授 IB 课程，有成千上万的该证书取得者进入了世界上的几百所大学学习。

国际文凭组织汲取了世界许多国家的教改精华，推行师生的创造性理念，培养 IB 学生具有多元文化和多学科知识，为培养 21 世纪的通才进行着不懈的努力。IB 的教育哲学是 Education for Life（终身教育），通过综合的、平衡的学科及富有挑战性的评估，国际文凭组织旨在帮助学校努力发展青年人的个人才智，教会他们把教室里学到的知识与外部世界相结合。IB 课程设计主要集中在中学的最后两年，通过两年的扎实教育，培养出受全球大学认可并优先录取的精英型人才。

IB 课程项目正以其领先的教育思想和独特的课程结构，日渐引起世人的瞩目。它的思想和实践也开始超越"国际学校"的范围，步入世界各地一些富有创新意识和兼容精神的普通高级中学。

北美、欧洲有许多著名的大学乐于接收 IB 学生，有一些大学还为优秀 IB 毕业生提供奖励学分、跳级的鼓励入学政策。全球有分布在近百个国家的一千余所大学与国际文凭组织有稳定的协约关系，确保这些大学承认 IB 文凭。美国、加拿大数以千计的大学都视 IB 文凭为优良的入学资历，各院校都非常欢迎 IB 学生申请入学，有些院校甚至在学生尚未毕业前便给予优先录取。

我曾经在国内的一所 IB 国际学校工作过，定居加拿大后，歪打正着，竟把房子买到了一所 IB 学校对面，将来孩子可以就近入学，所以我得以细致研究了加拿大的 IB 课程。公立高中的 IB 文凭课程只有两年，即 11 和 12 年级。但往往从 9 年级开始上 IB 预备班（Pre-IB），经过 9 和 10 两个年级的强化训练之后，正式进入 11 年级的 IB 文凭课程。IB 预备班一般在 8 年级时的年底报名，有兴趣的学生应主动向自己的老师了解申请程序，寻求老师的支持。申请材料包括填写有关表格、最近两年的成绩、老师的推荐信，有的学校还要求学生写一篇对 IB Program 认识的论文。如果自己有特殊的成绩，比如竞赛得奖，加上有某种或几种特长，也可作为附加条件。

由于申请人数往往大大超过实际招生人数，不同的学校采用不同的方式来选拔学生。有的学校采用面试，有的学校采用书面考试，有的学校则笔试和面试相结合，也有的学校二者都没有，只看成绩单和推荐信。书面考试的形式因学校而异，例如有的学校用自己设计的考题，范围涉及英文、法语、数学和科学；还有的学校考试内容主要包括英文和数学。

一般有 IB 的公立高中同时也有普通班，但 IB Program 是封闭性的，即 IB 学生单独分班，绝大多数课程与普通班的学生分开上。由于采用国际统一课程标准，IB 学生转学一般没问题，跨地区甚至跨国转到别的 IB 学校后，过去的学分都会被承认。IB 学生可以在暑假和周末到别的 IB 学校选修自己学校没有设置的 IB 课程。

公立学校的 Pre-IB 通常不收费。由于 11 和 12 年级正式的 IB 课程要参加国际统考，试卷要送到国外评分，花费较大，为此每个学生每年要花费 1000 元左右。有的教育局要学生自己出这笔钱，但许多教育局是统一出这笔钱。

IB 学生毕业时将同时获得国际统一的 IB 文凭和本地区教育局的文凭。IB 每门课满分是 7 分，而加拿大高中一般课程的满分是 100 分，所以存在分数转化问题。不同课程的转换因子不一样，分数如何转化各省教育厅有相应的标准。以下是 IB 分数向百分制转化的大致情况：7（96 分）、6（90 分）、5（86 分）、4（76 分）、3（70 分）。

大多数 IB 学校都有自己的网站，详细介绍该校 IB Program 的情况。虽然 IB Program 都重视类似 Liberal Arts 的通才教育，各个学校都有自己的特点和侧重，如有的在科学方面强一些，有的人文方面强一些，有的在 Business 方面强一些。学校用国际统一标准来安排课程和活动。12 年级的高级课程，与大学一年级课程难度相似，这些特点保证了 IB 文凭的含金量，得到了教育界广泛的认可。

IB 的优点总结如下：

1. 老师的教学质量有保证，学校给 IB 提供的设施，如实验设施都很好。
2. 学习风气好，学生自我培养了良好的学习习惯和合理安排时间的能力。
3. 课程难度接近大学程度，课程进度与考试安排与大学相似，进大学后比较容易适应。
4. 最重要的一点是，IB 班上集中了很多精力充沛、"野心勃勃"的学生。他们除了学习外，在各项社会活动和课外活动中都想领先。这种同学之间的互相促进，对孩子的一生也许都会有良性的影响。

但缺点也是很明显的：

IB Program 占用学生时间很多，课程缺少灵活性。从因材施教的原则出发，IB 只适合一部分学生。

1.IB 适合学习能力强、做事有条理、善于安排时间的学生。IB 的课程量大、进度快，学生每天需要投入大量时间才能完成作业和 projects。即便学生再聪明，如果不善于安排时间，亦会觉得穷于应付。

2.IB 适合全面均衡发展的学生。在 IB 学校工作的时候，我就得出了一个结论："这里是培养杰出社会活动家、外交官的学校，而不是培养伟大科学家的地方。"IB program 在科学、人文、外语、艺术、社会工作等各方面注重平衡发展，不偏科，不侧重某一方面。如果学生在某学科上有特别的兴趣和天分，进入 IB Program 会感觉自己的特长没有时间得到充分发挥。举例说，一个学生在数学上很有天赋，他会很失望没有充分的时间准备和参加大型数学竞赛。如果一个学生很优秀，但某一方面较弱（如法语），他会觉得自己强项不能充分发挥，而弱点被放大，从而失去自信心。又如在艺术体育方面有天赋的学生，会因为这些活动占用很多时间，很难在 IB program 中取得更好的成绩。这类有特殊天赋的学生，最好留在普通班或课程压力尚合理的班级。

3.IB 适合将来从事社会性工作的学生。IB 重视培养国际视野和社会责任感。IB 文凭所要求的社会服务（CAS）、毕业论文和跨学科综合能力（TOK）都远远超过普通中学文凭的要求。理论上，它培养的学生责任感较强，综合分析问题的能力较强，写作和交流能力较强，学生最适合将来从事社会性的工作。如果学生对学术的兴趣很大，将来只想做纯技术性的工作，IB 对他们的意义就不大。

4.IB 不太适合法语或英文基础差的新移民学生。IB 课程写作量很大，外语（这里指法语）要求也较高，有的学生会感到压力很大。

另外，一般学校 IB 课程没有太多的选修课。如果学生的专业兴趣已经确定，希望在这方面多修些课，在 IB Program 中很难实现。举例说，如果某个学校的普通高中课程中开设有微积分、统计学、高等代数等选修课，而这些课程不是 IB 课程，该校的 IB 学生即使对数学很感兴趣，因为时间冲突而很难被允许修这些课。

很多学生在 Pre-IB 或 IB Program 完成之前退回普通班，包括一些优秀学生和部分学习较吃力的学生。退出 IB Program 的原因因人而异，学习跟不上的人只是极少数，退出 IB 的包括许多优秀学生，最主要的原因包括：

1. 不愿意上 IB 的法语课，预计自己在法语普通班会容易些。

2.IB 的课程安排不符合他们的兴趣。比如有的学生兴趣在人文方面，而该校的 IB 要求上很多科学和数学课程。

3. 觉得 IB 课程占用时间太多，作业量大，尤其是写作量很大，不适合自己特长的发展。

4. 觉得自己原本不适合 IB，但先在 Pre-IB 读两年，培养了良好的学习习惯和打下了坚实的基础，再回普通班的 11 年级，在以后的学习中会更有优势。

还有一些孩子本来适合 IB Program，但家长盲目相信所谓的高中排名，认为 IB Program 所在高中不够好。之前我们已经讨论过学校排名的潜规则，这个排名的座次表也"仅供参考"。IB Program 基本是封闭式的，IB 班和其他普通班不在一起上课，IB Program 可以说是"校中之校"。IB Program 的师资和设施都是经过 IBO 论证，并定期检查的，学生都是经过规定程序挑选出来的，其教学质量是有保证的。

综上所述，IB 有优点也有缺点。学生和家长应该根据自己的情况决定取舍。

近年来，加拿大的数学教科书不断进行改革，但内容却越改越简单。对于优秀学生来说，这是一件糟糕的事情，因为学校里所学的知识并不足以应对以后大学里的学习，从而导致大学二年级的淘汰率很高。所以成绩优秀的学生应勇于报读 AP 和 IB 课程，为将来的高等教育早做准备。因为，首先，一个勇于挑战高难度、在学习上具有前瞻性的学生是很受大学招生老师青睐的。另外，在高中时期就报读 AP 课程，可减缓以后大学一年级的学习压力。而且，由于学生早已在高中就学习过部分大学一年级的科目，在接受新知识时，会比较容易取得理想的成绩，对提高大学的 GPA 很有帮助。

IB 和 AP 没有哪个更好的问题，只有更适合某个学生的问题，从以下几点比较一下：

1. 本质上 AP 和 IB 是不同的概念。AP 是一门一门单独的考试，而 IB 是一个强化高中文凭的两年的完整学习计划。通常 IB 课程比复习相应的 AP 要花更多的时间。美国和加拿大各个大学招生时通常对 AP 和 IB 一视同仁，但一般认为 IB 难度大一些，含金量高一些。

2. AP 可以通过学校学习、on-line 学习或自学参加这类考试，IB 只能通过学校学习。学生选择考什么 AP 科目可以根据自己的特长和学校条件自行决定，IB 学生课程的选择余地则相对很小。

3. IB 课程成绩经转换为百分制后列入高中的成绩单，AP 一般不列入高中成绩单，也不计入高中平均成绩（GPA）的计算。

4. IB 学生最多只能选四门高级课程(HL)，实际上大多数学校只允许三门。所以大学所承认的学分的 IB 课程最多为四门。AP 没有这种限制。近年来，由于名牌大学入学竞争很激烈，许多学生都用多修 AP 来证明自己的学习能力，一名学生通过十门以上 AP 的情况很多见。由于 IB 的这种限制，美国许多 IB 学生不得不自学 AP 以求参加更多的考试。但加拿大大多数公立高中开设的 AP 课程不多，即使开设一般只有很少几门。如果学生自学能力不强，选择 IB 学校至少能有三门大学认可的课程。

当然，并非所有学生都适合选读 AP 或 IB 课程。对于高中成绩不是很优秀的孩子，如果希望进入加拿大的大学，较稳妥的做法是努力提高学校里的成绩，分数尽量高一点；如果想进入美国的大学，应该重视 SAT1 里的英文和数学的考分。学校里的其他科目，则应侧重 SAT2 的对应科目，而不是 AP 或 IB。此外，学校的成绩也一定要提高，也就是说，学生的成绩要反映出有比较明显的进步，因为过去的学习成绩也是大学招生老师很重视的一部分。

四、选科与选课

◎给孩子强劲翅膀的不是父母，而是风雨。

> 作为 NBA 球员，"小黑豆"阿隆·布鲁克斯条件实在"寒碜"：个子矮，身形单薄，但他因为心怀梦想，刻苦不辍，最终在长人如林的联盟中有了一席之地。小时候布鲁克斯无意间翻开了堪称经典的《塔木德》，便被其中的一句话深深吸引："和狼生活在一起，你只能学会嗥叫，和那些优秀的人接触，你就会受到良好的影响。"那一刻，他默默对自己说：如果你想像雄鹰一样翱翔天空，就要和群鹰一起飞翔，而不要与燕雀为伍；如果你想像野狼一样驰骋大地，就要和狼群一起奔跑，而不能与鹿羊同行。
>
> 对于学生而言，树立志向，确定目标，彰显自主意识，尽力而为，至关重要。

  比较加拿大与中国的教育制度，有一点非常明显的区别：加拿大的中学生，可以根据自己的喜好选择喜欢的科目，进而选择科系，从而决定未来的方向。选科是选择将来大学所读的科系，选课是在中学需要选择的科目。选科必须在 11 年级前就大致定下来，提早规划，早做准备，学生的时间非常宝贵，在升学问题上不应该走弯路。

  选文科、理科、工科、商科或者其他学科，在中学需要准备的东西是不同的。如果孩子的兴趣偏向文科，例如历史、文学或法律，那么在中学时就需要把更多的精力放在政治、历史、地理和第二外语上；如果孩子志在理工科，那么一定要在中学阶段打好物理、化学、生物等科的基础，当然数学和英文是必不可少的。

对于未来的发展，我的建议是一定要听从孩子内心的真实想法，选孩子真正感兴趣的。我听过不少例子，因为父母坚持专业的实用性，忽略了孩子的兴趣，按父母的意愿选择了大学专业，孩子进入大学第一年学得很痛苦，最终放弃，换了专业。

还听过一个"拒绝哈佛的女孩"的故事：哈佛、普林斯顿、哥伦比亚大学都提供一年超过 5 万美金的全额奖学金，希望女孩到本校读硕士研究生。女孩最终没有跟随潮流选择哈佛，而是 follow her heart（听从内心），选择了她最感兴趣的哥大历史专业，因为这里有最强的学术力量。跟她的选择同样耐人寻味的是她的成长历程：6 岁随父母离开中国，到日本学习了日语（达到母语水平）；中学到了加拿大，学习了英语、法语（达到母语水平）；在 UBC 大学一年级学习工程专业时（当时其父母的想法和传统中国家长一样，学习理工科比较容易找到好的工作），突然对中文产生兴趣，休学一年，回中国学习中文。大二向父母提出换历史专业，用两年的时间完成四年的学业，获得 Honor Student（荣誉学生）。她的妈妈也是一名老师，对孩子的教育谈到了两点：培养孩子的自律，尊重孩子的兴趣。大二时孩子提出换专业，作为父母，他们尊重了孩子的兴趣选择，因为他们相信，学习自己真正感兴趣的，才能全力以赴，发挥潜能，取得学业上的最高成就。她特别强调，如果当初他们一门心思盯着名校，不理会孩子的兴趣，孩子绝不可能取得今天的成绩。对于女孩母亲的观点，我的理解是，不要那么功利地培养孩子，自然会水到渠成。大多数中国家长所缺乏的"平常心"，恰恰是打开名校之门的钥匙。

由于现在学校老师的工资普遍很高，教育局不得不花大量的资金在人力资源上。政府为了开源节流，只能开设一些已经有一定人数选择的科目，而只有少数学生选择的科目则会被暂停。这就会导致学生的偏科。而家长需要做的就是及时发现问题，找相应的方法来补救，把缺失的课程提前补上，这样做一方面不会影响孩子的升学，另一方面对于孩子的全面发展也大有裨益。

暑期课程对学生来说是一个契机，用这 6 周的时间，不仅可以对之前学过的课程加深巩固，查漏补缺，可以对没有选到的课程进行密集的学习，还可以对以后的课程提前学习，甚至可以提前完成某些未来的课程，为以后其他科目的学习和大学申请留出充足的时间。学生各科全面发展，才能成为佼佼者。现在网络越来越发达，如果没能选到学校的暑期课程，一样可以通过网络课程选择心仪的科目，尽快完成申请大学之前的准备。

加拿大教育部门对公校的课程安排是与加拿大本土升学程序基本吻合的，但如果要申请美国名校，考试日期和升学的日程要全部提前。因为美国公校9年级以后随时可以读AP课程，而加拿大公校要把9到12年级的相关课程全部通过后，才可以读AP课程。而学生跟着学校读完12年级的课程后，再开始学习AP课程，无疑赶不上美国的大学申请了，所以可以利用补习机构提前学习AP课程。

美国在许多科目的必要性方面早已开始根据社会需要和趋势来安排了，而加拿大的教育更多的还需要靠家长和孩子们自己的觉悟和自觉性。就拿电脑科学来说，美国在几年前就把电脑科学列为中学的必修科目，而在加拿大只是选修课。社会日趋电子资讯化，熟练掌握电脑科学是未来社会发展的趋势。

作为家长，一方面要看到加拿大教育制度与美国相比还有一定的差距，和孩子一起早做规划，多方面了解信息，另一方面也不要忽视——要自主，不盲从。

五、报考美国名校策略

◎在我的平凡世界里,我就是不平凡。

> 选名校,上名校,固然无可厚非,但如何从内心深处距离名校真正的要求更近,如何让名校成为距离自己汲取知识最近的地方,除了优异的学业成绩外,还有很多方面。

众多移民家长,没有登陆温哥华之前就开始以在中国的惯例查学校排名,瞄准排名高的学校买房、租房。来得早一点儿的家长,孩子在上中学前就开始准备 Mini 学校、考私校、考 IB 班……加拿大设立这些项目,尤其是 Mini 学校和 IB 课程并不是专门为报考名校做准备的,这同中国的重点高中有非常大的不同。在中国,非重点中学的孩子,清华北大等名校的升学率明显低于重点中学的孩子。这是教育体制问题。

大学招生人员要看学生的学术能力、课外活动能力、学生的品行及其自我表达能力等。学生的学术能力分为校内和校外两项。校内学术能力包括学生高中时校内所学的各科成绩的总平均以及学生所选课程的难易度。学校总成绩和所选课程的难易度在申请大学时会起很重要的作用,因为这些成绩和课程可让招生人员在全校学生学业水平的基础上对每个学生做出客观的比较。校外学术能力则包括学生在校外参加的各类美国高考的成绩,诸如 SAT 普通考试、SAT 专业考试、ACT 考试、AP 考试等。

哈佛大学的网站上,有一篇招生委员会重要成员的发人深省的文章:要让人类的文明灿烂繁荣，哈佛大学要招收的不仅是未来的医生、未来的科学家和未来的华尔街经济人，哈佛大学的使命是如何鉴别招收和培养下一个贝多芬、下一个莎士比亚、下一个米开朗基罗……通常这些伟人不是全A之人，不能指望莫扎特高中数学获奖……哈佛要寻找的是心灵自由快乐的人类使者！所以，这种理念会体现在他们的招生录取工作中。

在申请名校的时候，成绩是基础，但最终决定能不能被录取，还有其他因素，特别是申请文章personal statement（PS）的质量。我曾问过大学里招生办公室里的工作人员："在你们眼中，什么样的学生是好学生？"他的回答耐人寻味："The student knows 'who you are as a person'。"他们如何在浩如烟海的申请人中甄选出他们需要的学生呢？一个有深刻思想的人，必然通过写作表达他（她）的人生观，给招生办公室最直接的答案就是申请文章。所以说，写作能力对未来的学习和事业起决定作用。

鉴于加拿大公立学校比较自由松散的教学环境，为了能给孩子尽早在学习和做人两方面打下坚实基础，确立奋斗目标，应该至少从7年级起做必要的规划，经常与孩子交流，启发孩子深入思考。家长还应该定期与老师和辅导员沟通，参加教师和家长之间的谈话和会议，使孩子能切实感受到父母对自己的教育和未来的关注。鼓励孩子在中学阶段尽最大能力选修具挑战性的课程（如honors，或mini-class，gift programs，或IB和AP课程等）或者最难的课程组合。

名校最重视的学术能力：

1. 阅读和写作是最重要的基本功。

2. 英文和数学，初中和高中阶段应尽可能选修学校能提供的最高水平的课程。

3. 除英文和数学外，还应尽可能选修自然科学课程（物理、化学、生物、地理等）、社会科学、外语和表演艺术课程。不能偏科，或者所谓的侧重文科或理科，更不能随便为了拿中学毕业证，用学校提供的辅助课程来代替上述课程。

4. 督促孩子从初中开始，养成良好的学习和阅读习惯。

5. 孩子应该从 9 年级开始，即对大学专业和未来职业做初步选择，这样可以使他们尽早严肃对待学习科目的选择和学习态度的培养，对在校成绩和排名（GPA）有一个全新的认识。

同时，积极引导孩子参加学生会活动和利用课余时间投入社区服务，充分发挥孩子的潜能。学生的课外活动能力包括学术以外的所有活动能力，包括社会活动能力、领导才能、体育才能、文艺才能、科技才能、辩论才能、写作才能等。这些活动可以显示出每一个学生特有的兴趣爱好和专长，也可以显示出每一个学生的成熟度和团队协作精神。对于学生的品行及其自我表达能力，大学招生人员还是主要根据学生自己写的各类申请大学所需的作文来评估。

总之，如果一个学生的学术能力很强，在课外活动中做出的成绩很多，可写的素材就会很多，也比较容易写出既能表现自己的真实个性，又能表现出自己能力和品行的文章来，这也就能让他在众多的申请者中脱颖而出。

六、GPA

◎ GPA 的高值不仅意味着方向明确，更意味着毅力过人。

> 有关专家提醒留学学生及其家长，如果希望留学之后移民加拿大，在选择专业的时候一定要结合个人专长和兴趣爱好，根据加拿大移民政策和加拿大劳动力市场需求等来选择专业。只有理性地规划留学，才能让学生通过多年的海外留学生活实现自己的留学目标，学有所成，从而在将来的工作中真正体现自己的留学价值。

　　GPA 的英文全称是 Grade Point Average，意思是平均分。中学和大学的每一个科目都被赋予学分单位，通常难度大的课程学分就多点儿，但中学的课程学分数基本相同，而多数大学课程每门为三个学分单位组合（一个组合要求一个学期中每周至少有 3 个小时的上课时间和 6 个小时的作业时间），组合中的单位数从 1 到 5 以上不等。GPA 的打分标准为 A、B、C、D、F 五个等级，每个等级又被赋予一个点数，如 A=4，B=3，C=2，D=1，最后 F=0。

　　名校一般在计算 GPA 时关注课程的难度系数，而且绝大多数学校的分数设置采用百分制来细化等级，这样就产生出百分制与五级制以及点数的换算关系。

百分制	五级制	点数
90–100	A	4
80–90	B	3
70–79	C	2
60–69	D	1
60 以下	F	0

一般来说，GPA 越高，所上课程的水平越高，则高中学业成就也就越大。想上顶尖大学的学生很多，竞争非常激烈。为了能在竞争中脱颖而出，能力较强的学生就尽量抓住各种机会挑战自己，包括在高中时争取多上高水平的课，并争取在各科都取得优秀成绩等。如何选择既适合自己能力又带挑战性的课程，也成为高中生的首要任务之一。而要想圆满完成学习任务，则必须采用高效率的学习方法。（美国学校的计量方法与加拿大有区别，如加拿大学校 86 分以上就为 A，而美国 90 分以上才为 A。）

高中学生的学术水平参差不齐，与此相适应的是，高中课程也分不同水平。除了必修的英语、数学、生物、化学、物理、历史和外语及艺术类课程，如美术、音乐等以外，还有很多选修课。每一类课程又分不同等级，从入门介绍到大学水平的 AP 课程，供不同水平、不同需求的学生选择。学术能力弱的学生可以选择最低要求的课程，在高中毕业后进入一般的大学，有的甚至不上大学直接工作。目标是名校的学生，会尽量选择高水平的课程。

要在高中时期有效安排时间，很重要的一点是在选课的同时还要考虑到注册美国高考标准考试的时间。这样可以节省时间，事半功倍。我有一个学生，选上 AP 生物时，因为这门课要考 AP 生物，所以在考 AP 生物标准考试的同时注册了 SAT2 生物标准考试，这就可以在同一时间准备这两种类型不同但内容相似的美国高考标准考试。在这种理念支配下，他选上了 AP 历史，在考 AP 历史标准考试的同一时段，也考了 SAT2 美国历史标准考试。选课有了策略，既拿到了学校的成绩，又有 AP 考试的成绩，还获得了 SAT2 的成绩。所以，每学年选课的时候，学生都应该和家长、老师讨论，更有效地安排时间。

　　作为一名高中生，成功申请入读名校的确是一项艰巨的任务，而制定全面又详尽的报考策略最好是从 9 年级或 10 年级开始。首先了解名校的录取标准与规则，进而明确自己的努力方向和具体任务，依据自己的实力和潜能，选择目标学校和专业，并针对性地制定规划严格实施。在申请报考过程中，最重要也最困难的是选对目标学校，而最容易犯错误的地方也在这点。学生和家长要明白，选目标学校不是只看学校学术排名，更不能仅仅以自己的 SAT1 考分来做这个决定，有不少 SAT1 考分 2300 以上的考生，被常春藤盟校拒绝。正确的方法是确保自己的背景和成就与该校的录取标准相匹配。例如，杜克大学通常接近 50% 的录取新生都是基于族裔、居住地（本州或外州）、校友子女、体育特长生和大额捐助者子女这些因素来做决定的。如果某考生不属于这些范围，那么报考该校成功的机会可能比报考哈佛、麻省理工还要低。同样在学术方面，有些学校看重 SAT 考分，有的学校却更关注 GPA 排名。因此，选择特定目标学校需要对该校整体录取规则进行了解，才能胜券在握。

七、学不学第三种语言：法语、西班牙语

◎不为明天做准备的人，永远不会有未来。

> 不从事语言工作的人可以掌握多种语言，语言专业领域的学者更是惊人。已故国学大师季羡林精通12国语言，且每种语言均有建树。可见，留学者掌握第三种语言，不仅是留学或安身立命的需要，也是一个人智慧与素养的彰显。

　　很多学生会考虑要不要学习第三种语言，如果要学，最常见的有两种选择：法语与西班牙语。究竟该如何选择呢？

　　法语自成体系，基本只有法国人和加拿大人在用，但如果在加拿大生活，当然应该学当地的官方语言之一法语。在加拿大，有670万人在使用法语，尤其是如果生活在魁北克省和新不伦瑞克省，就不要错过学习法语的的良好语言环境。有了法语基础再学西语，在大部分人看来是比从西语过渡到法语要容易的。如果你已经有了法语基础，就应该坚持学习，力争达到高级水平。

　　法语是文学语言、学术语言，大部分学术交流更偏重英语（因为其普及度）和法语（因为其严谨度和声誉，法语被普遍认为是"高贵"的语言）。

　　2010年，中国法语联盟已在全国15个城市建立了分校，每年培训学生约2.5万名，每年授课280万小时，学习法语已成为越来越多有国际眼光的中国年轻人的选择，越来越多的中国人开始学习法语：许多高校开设了法语系，法语联盟以及它的竞争对手——私立语言学校都在迅速扩张，在中学也有越来

越多的学生将法语作为第二外语，更多的人对法国文化产生了兴趣。随着近年来中法关系的日益融洽和两国联系的日益紧密，尤其是2014年春晚上歌手刘欢与法国女演员苏菲·玛索合唱《玫瑰人生》之后，国人对法语的热爱更加浓烈了。

在中国，新中国成立初期即涌现出学习西班牙语的热潮。1952年，北京外国语学院开设了西班牙语专业，这标志着中国大学专业西班牙语教学的开始；1954年，北京外贸学院也开设了西班牙语专业。新中国最初几批西班牙语毕业生先后进入外交外事外贸、国际新闻、国际问题研究等部门工作，有不少成了部长、驻外大使、教授研究员等。2008年的北京奥运会和2010年的上海世博会对西班牙语翻译和服务人员的需求更是极大地带动了中国的西班牙语教学。

有人认为，国人对西班牙语的学习将会越来越热。拉美对中国而言意味着巨大的市场和丰富的自然资源，中国和拉美的贸易往来在中国进入世贸之后增长尤其明显；西班牙政府自本世纪初加大了与中国发展关系的力度，双方在经贸、旅游、教育、文化、科技等方面的交流合作也非常频繁。对于选择学习西班牙语的留学生而言，这无疑会成为他们做出决定的助推剂。

美、澳、英以西班牙语为二外，取决于他们的文化氛围，且由于地理因素，他们身边有这样的语言环境，并不是因为他们更喜欢西语或西语更"重要"。

西班牙语是应用语，看电影或民俗文化方面涉及得多。美洲大多数国家都是西语，这要根据学生未来的发展方向来定。准备报考美国名校的同学，建议选择西班牙语。西班牙语在大多数美国人眼中要重要一些（有好几个州都在说西班牙语），在美洲，除了海地（法语）和巴西（葡萄牙语），基本上都可以用到西班牙语。西班牙语的文学作品也很多，修关于文学方面的科目的话，西语更加有优势。另外，西班牙语和法语、葡萄牙语、英语在字形和发音上都有相似之处。

八、11年级备战名校

◎你准备好了吗？问的是心，回答的是行动。

> 备战名校，需要的不仅是计划，还有精心的准备和过人的毅力。常春藤盟校和其他名校在考察学生学术和课外活动等方面的成绩时，均要求考生提供中学四年的成绩和排名，以及参加各项社会活动的经历与贡献，也就是说，学生在9、10、11和12年级的状态非常重要。

常春藤盟校和其他名校在考察学生学术和课外活动等方面的成绩时，均要求考生提供中学四年的成绩和排名，以及参加各项社会活动的经历与贡献，也就是说，学生在9、10、11和12年级的状态非常重要。在美国和加拿大的公立中学，11年级同学在学业方面的压力和课外活动的负担达到了顶峰，对那些打算向常春藤盟校冲刺的学生尤其如此。

11年级的学习成绩是学生学习能力和方法的最新反映，是学生在课外活动方面能否取得卓越成就的关键一年。同时，11年级学生还必须在这一年里参加一系列的美国高考，如PSAT，SAT1，SAT2，AP等，还必须力争考出好成绩。所以，11年级是高中最忙的一年。时间紧，压力大，睡眠时间越来越少，有的每天只能睡五六个小时，处理好学习、压力与睡眠之间的关系特别重要。这种磨练对未来的学习和工作也是必需的，而且我相信，只要一个人的精神不垮，身体是不可能累垮的。

我们逐月详述11年级备战名校应该做什么：

9月：登记注册10月的PSAT考试。与辅导员面谈，重温本学年的学科安排和对12年级科目的选择。认真整理保存优异学术成绩和课外活动的记录。

10月：参加PSAT考试。对于美国学生来说，11年级出色的PSAT考分，可以有机会参与全美总统奖学金的竞逐，这对于常春藤盟校的录取也有极大帮助。对于加拿大的学生，多参加PSAT考试，能够更熟悉SAT考试的风格和多一次锻炼。若考生希望免费获得美国名校的讯息资料，可在PSAT考试的答案卷上的"愿意参加寻找学生（student search）"一栏做选择，这样考试完毕后，若考生的分数足够高，便会陆续收到各名校的宣传资料包裹。

11月：11年级的学校分数对于名校的录取极为重要，它是中学阶段的高级科目成绩优劣的唯一衡量依据。因此应该尽全力争取和保持高排名。同时进一步对名校的财务援助（financial aid）政策做详细了解，学生父母应该根据自己家庭的收入和财产状况进行梳理，做必要的调整，以免下一年申请助学金时，带来遗憾。

12月：对收到的PSAT成绩做认真分析，为来年的SAT1考试做最后的准备。并上有关学校的网站搜索，了解他们对SAT2考试科目的要求。

1月：列出打算报考的学校名单，上网阅读这些学校申请表和财务援助表格的内容，同父母协商与家庭收入、税务方面相关的问题。

2月：与辅导员和父母讨论所选择的学校与本人自身条件匹配与否，包括学术排名、艺术、体育方面的资质，课外活动的成绩以及大学期间的经济负担能力等等。在准备充分的情况下，登记注册3月的SAT1考试，否则只能退一步，参加5、6月的考试。值得注意的是，不应该为了准备SAT考试，使得11年级的在校成绩和课外活动受到影响。

3月：通过写信、电话或网络方式，与各校联系，获得相关资料。

4月：选择12年级的科目时，要最大限度地挑战自己，这一条对于名校的录取十分关键。登记注册5月或6月的SAT1和SAT2考试。继续对报考目标学校做研究，再做进一步取舍。寻找安排暑期工作、暑期课程或名校的暑期夏令营。

5月：参加SAT1或SAT2考试。报名参加暑期的各项活动，有条件者可以联系在暑假期间参观几所名校。

6月：参加 SAT1 或 SAT2 考试，争取参观几所名校，获得第一手的详细资讯。

7月：利用报考名校前的最后一个暑假，尽可能充实自己，将所有相关问题了解清楚。拜访已被录取的学长和家长，获取有益的经验和忠告。

8月：在所在学校或校外的大学申请指导老师的帮助下，全面整理本人高中阶段学术和课外活动成就与经历的详细简历，对秋季报考的目标名校进行评估，准备申请资料和表格，并计划中学推荐信事宜，为即将来临的最后冲刺做准备。

九、12年级冲刺名校

◎目标越近，心跳越急，坚持是硬道理。

> 申请大学是高中期间艰苦奋斗多年来的最后一步，看似简单，实际却是很费心思的事。如果这一步没有走好，有可能前功尽弃。因此，绝不能为了省事而走所谓的捷径。

进入12年级，就进入了多年艰苦奋斗的冲刺阶段。IB班的学生，功课更加繁忙；普通课程班的同学，则在集中选修AP课程。在正常申请中，若选报8到12所名校，会有大量的表格和命题作文需要完成，这是一段考验毅力的时间。学生的坚强与刻苦，父母的鼓励和支持是成功的保证。

学生除了要提交所有必需的美国高考成绩以外，还要准备好简历和申请大学必需的作文，此外，还有老师写的推荐信。

申请美国名校的方式通常有：正常申请和优先申请。如果申请秋季入学，正常申请方式的申请截止日期是新年的第一天，申请结束后往往要等到3月底或4月初才能知道结果。优先申请的截止日期是秋季入学前一年的11月1日。优先申请的好处是，申请提交后等待的日子会短很多，往往等到申请当年的12月中下旬就可知道是否被大学录取。

申请大学是高中期间艰苦奋斗多年来的最后一步，看似简单，实际却是很费心思的事。如果这一步没有走好，有可能前功尽弃。因此，绝不能为了省事而走所谓的捷径。

申请大学的通用申请表上让学生用规定的形式填写个人信息、家庭信息、教育背景、各门美国高考成绩、各项课外活动经验、获得的奖项或荣誉，以及工作经验。申请文章要有深度、有思想，让招生人员了解学生的文采、优点和特性。此外，还要学校的升学顾问和至少两位老师的推荐信，并可附上有助于招生人员进一步了解学生的补充资料。

要让老师写出高水平的推荐信，就要提早行动，给老师充足的时间思考。申请季一到，全年级的学生都要找老师写推荐信，老师们忙不过来，就不可能字斟句酌，保证质量。根据申请表上的建议，找老师写推荐信时，最好找那些很了解你、最近两年教过你的老师。可以多找两位老师写推荐信，尽管老师都愿意为学生写推荐信，但毕竟每个人的写作水平不同，写好之后，可以由经验丰富的升学顾问挑选两封最好的寄出去。

"除了高中课程、平均成绩、考试分数等客观数据以外，你的个人陈述可以帮助我们从另一个角度来了解你。"通用申请表中的说明表达了"你的个人陈述作文可以展示出你在如何组织你的想法，以及如何表达你的想法等方面的能力。我们希望能通过你的个人陈述来加深对你的了解：不仅从一个学生的角度来了解你，也能从一个人的角度来了解你"。通用申请表中给学生们建议了几个题目，同时说明，每个学生都可以不选这几个题目，而是可以自由选择任何题目来写个人陈述。

招生季，大学招生官员每天都要读很多个人陈述作文，不可能细读文章。甚至有一种说法，他们每篇文章最多读5分钟，就会给出一个分数。如果能读到特别好的文章，就会如清风拂面，精神为之一振，就会细细品读，分数就会比较高。所以个人陈述必须不落俗套，与众不同，写出自己内在的本性，引起招生官的共情。

逐月详述12年级冲刺名校应该做什么：

9月：通过上网下载获得全部有意愿报考学校的最新申请表格和财务援助表格。如果发现资料不全或不清晰，立即通过写信、电话或电子邮件与学校取得联系，解决问题。详细查阅每所学校对最后交表日期的要求。与中学辅导员或升学顾问面谈，认真评估自己的学术水平和各项课外活动的成绩，确保与所选名校相匹配。和辅导员及主课任课老师协商推荐信事宜,确认是通过网上完成或是书面填写通过邮寄完成;并明确告知推荐信寄回截止日期,切记附上一张本人的感谢卡。如果需要再参加10月或11月的SAT1和SAT2考试,本月应报名。有条件的还可以安排参观名校,与在校生或有关教授会面。温哥华的考生一定要争取参加常春藤盟校和斯坦福大学每年来此地举办的招生宣讲团活动,获得更多资讯。

10月:参加优先申请的同学,在本月底截止日期前,将入学申请表格和财务援助申请表格寄出,并催促辅导员和指定老师按时完成推荐信,与中学成绩单一起寄出。同时开始准备正常申请资料。如果认为自己的SAT1或SAT2成绩不理想,还可报名12月或1月的考试。

11月:报名参加SAT1和SAT2考试的同学参加考试,并确保美国大学理事会将考试成绩按时寄往所报考学校。保持12年级第一学期在校成绩优异。继续准备正常申请资料,在寄出前,必须把所有表格复印留底以备查验,包括入学申请表格、财务援助申请表格和成绩单等。有些表格的复印件在入学后的几年中还会用到,均应妥善保存。

12月:确保SAT考试分数送往所报考学校。在寄出资料之前,一定要复印所有材料,以防万一丢失,仍有备份重新整理送出。参加优先申请的同学,此时已获知录取结果。被录取的同学,应按照录取通知上的要求继续努力,对于被延后或被拒的,应抓紧时间准备正常资料报考其他学校。

1月:继续努力,保持最后一年的在校优异成绩。与辅导员面谈,要求将第一学期的年中成绩单寄往报考学校。家庭应尽快完成上一年度的个人收入所得税申报,并将备份送往所报学校,以便学校有关部门开始财务援助的审核步骤。

2月:通过网上程序密切跟踪正常申请资料是否被所报考学校收到,如有遗失,立即补救。财务援助的表格在寄出后四周内,应当会收到学校的收件通知。如果没有通知,应立即与学校联系确认。同时努力准备正常申请的最后一步"面试"。

3月:努力学习,完成冲刺。

4月：确认各校的录取通知和财务援助的决定。如果同时被两所以上的学校录取，应在学校、专业和财务援助数额等方面进行比较，然后做最终决定。对于已经确定放弃的学校，应尽早通知该校，以便别的学生能按时被录取；对于决定要去的学校，则应在截至日期前，向学校缴纳学费保证金。

5月：如被心仪的学校放在候补名单中（waiting list），不要丧失希望，应主动与该校联系，表示自己仍愿意等待。选修 AP 课程的同学，应要求辅导员将 AP 成绩寄往所报考的学校。

6月：要求辅导员将本学年最后的成绩单寄往所报考学校。认真研究学校寄来的学费、食宿费等费用说明清单，必要时和学校财务部门联系，安排付款方式，以便学校尽快寄来 I20 学生签证表格。

7月：被录取的学生认真查阅学校有关住宿、室友安排、开学典礼、选修科目等信息，及时回复相关部门。向学长咨询了解如何申请加拿大政府的学生贷款，以及如何在下一年度开始申报个人收入所得税，以便父母获得子女读书的免税额等事项。

十、中学课程负荷水平

◎眼泪和汗水，都会开花。

> 对于学生而言，所谓课程负荷，分类有二，一种是外延性的课程负荷，即学生课业门数多寡、容量大小所造成的负荷轻重；另一种是内涵性的课程负荷，即前后知识之间跨度和难易坡度的大小所造成的负荷轻重。

在申请资料中考生所在中学的辅导员和任课教师需要提供两到三封推荐信，其中辅导员的推荐信在全部申请资料里被认为是最重要的因子（factor）。这封信中，辅导员要对考生的中学课程负荷（course load）进行评价。

辅导员对学生中学课程负荷进行评价的选择项有 5 个：

a. 低于平均（below average）；

b. 平均（average）；

c. 有难度（demanding）；

d. 非常难（very demanding）；

e. 最难（most demanding）。

通用申请表格没有给中学辅导员提供任何指南，来帮助如何界定课程负荷的难度。因此，中学和中学之间，同一所中学的不同辅导员之间，都会有自己主观的看法。

同学们在 12 年级新学年开始前，应该同自己选定的辅导员认真沟通，了解他（她）对课程负荷的认定依据。如果打算申请名校，而自己11年级之前的课程负荷又不能算作最难的，就要设法与辅导员和任课老师协商改课程，加上难度大的科目，但前提是有能力得高分。因为申请后期的年中成绩单（mid-year report）和年末成绩单（final report），仍然会将12年级的情况加以报告。

十一、弃修课程对报考名校的影响

◎放弃如同减肥，减的应是脂肪而不应是健康。

> 自2011年2月起，美国大学委员会启动了AP课程修订计划，学生按新大纲进行测试。"新AP"的宗旨是：重课程、轻测试。对于考AP的学生而言，由于精力、时间均很紧张，加上学业长途上的风景太多，放弃一些景点、弃修一些课程恐怕已成必需。然而，弃修什么课程，是一个值得细思的问题。

中学阶段的几年当中，偶尔放弃已经选修的课程，不一定对录取有不利影响。值得考虑的是，你放弃的是什么科目？留下的又是什么科目？例如，将来想读医科研究生，那么本科计划修生物或化学类专业，如果在选修的AP生物和AP环境科学两门中要放弃一门，很明显，放弃AP环境科学不会有什么影响，但放弃AP生物，则后果严重，因为生物同其他理科类课程一样，属于中学的核心课程之一。放弃生物会直接影响加权后的GPA和年级排名。假使所在中学不排名，名校在对该生评估时会在课程难度一项减分，常春藤盟校和其他顶尖名校尤其重视这一点，而普通大学对此不太在意。

进一步说，如果放弃的是核心课程（core subject 或 Major field course），比如科学类、数学、外语等，那么这份成绩单上就会有明显的瑕疵；如果放弃的是一些副科（selective course），像心理学（psychology）、年簿（yearbook）、乐队（band）等科目，情形就会好许多。如果某同学的课程表上多以难度大的核心课程为主，放弃一门副科应该是可行的。

在选择或放弃已修的科目时，还有一点需要注意，若未来报考常春藤盟校和其他顶尖名校，在高中阶段于9和10年级时放弃科目，要比到11和12年级期间做影响小得多。对于12年级的学生来说，尤其不要于12月中旬被优先录取后，再放弃已修科目。在美国，就有这样做的考生被取消录取资格。

进入11或12年级后，选课时要格外留意，尽可能多地选择难度大的课程，但也要量力而行。否则分数太低会拉低排名，若中途放弃又留下记录。

按照美国名校的规定，在中学阶段有连续三年的外语学习经历即满足要求。可一些排名顶尖的名校则期望更高，更倾向于连续四年的经历，或是指高中阶段（9到12年级期间）有连续三年的经历。

十二、名校的优先申请和正常申请

◎精心准备,大胆心细,稳狠兼顾。

> 虽然我国古人有"取法其上,仅得其中;取法其中,仅得其下"之语,但在留学这件事上,还是稳妥些为好。事实上,优先申请录取的人数占当年度学校计划招收人数之比例似乎也在逐年升高,使得优先申请录取的比例当然要比正常申请高许多,因此,把握好目标选择十分重要。

每年优先申请的结果都会告诉我们,相当多的考生和家长在选择目标学校时都偏高。虽然我国古人有"取法其上,仅得其中;取法其中,仅得其下"之语,但在留学这件事上,还是稳妥些为好。事实上,优先申请录取的人数占当年度学校计划招收人数之比例似乎也在逐年升高,使得优先申请录取的比例当然要比正常申请高许多,因此,把握好目标选择十分重要。

我的建议是,如果学术和课外活动方面整体上不是超级强悍,又想在优先申请中拔得头筹,选择目标时一定要保守,这样把握才比较大;如果整体状况十分优异,最终有相当把握被顶尖学校录取,这样在优先申请中才值得向高目标冲击。

那么,在接下来的正常申请中,考生和家长们一定要依据拔高、适中、保底三组原则,多选择几所学校申报,才不至于在 4 月初的发榜中失望。即便考生同时选择了拔高、适中和保底三组学校,在具体准备申请资料的过程中,也绝不能只重视拔高性质的名校，须知，若对后两组学校有任何的敷衍和轻视，或许就会留下难以弥补的遗憾。

如前所述，常春藤盟校和其他名校在对考生学术水平进行评估时，最看重 SAT1 考分和中学成绩以及排名。

十三、名校面试如何脱颖而出

◎该来的总会来，困难原本存在，从容应对即可。

> 其实，如写 SAT 作文一样，面试有法而无定法，所有被人奉若神明的所谓面试金手指是不存在的。参加面试的考生只要做到事先精心准备，面试中做到坦诚、平静，能发挥出自己的实际水平，在自己的角度上讲，已经是一次成功的面试。事实上，面试虽很重要，但并不可怕。

"一个成功的面试，可以弥补其他方面的欠缺，而一个失败的面试，可以否定其他多方面的成功。"大部分大学申请指南都说，面试仅仅是申请大学诸多考虑因素中的一个。按他们的说法，面试不是非常重要，只是大学想进一步了解学生的一个程序，面试结果也不会起决定性的作用。而事实上，大学面试就像找工作面试一样，一个人面试的表现往往会决定此人是否能得到工作。

各校对于面试在程序和内容上都有基本相同的要求，但面试官因个人的风格不同，对考生来说，会感到差别很大。

例如：

哈佛的面试官喜欢这样提问：在中学各门学科中，你最喜欢哪一科？对你来说最具挑战的是哪一科？并请你举一个例子说明你是如何对付的。

普林斯顿的面试官似乎更从大处着笔。当他在了解到考生有过义工经历时，就会要求考生谈谈对近期某一个环境论题的看法。

康乃尔的面试官的问题似乎更接地气,比如,他会问这样的问题,如果你无论如何努力也无法与同宿舍几位室友相处下去,你认为最佳的处理方式是什么?

耶鲁的面试官得知面前的这名考生是华裔时,则喜欢从相关问题入手,问题则似乎颇为即兴。比如,他会问考生,第一个取得耶鲁博士学位的中国人是谁?

……

面试中所谈到的问题触及范围相当广泛,仔细分析,的确又与所报专业和自我背景有一定联系。同时各校也会从不同角度,问同样一些问题,例如:你为什么要报考我们学校?或是我们为什么要录取你?这样的面试当然应当事先做充分准备。而这种准备主要包含两个方面,一是心理素质方面;二是拓宽知识范围方面。中学的课堂对于这两方面的教育和帮助是相当有限的。因此鼓励、鞭策孩子从小,尤其是中学阶段积极参与组织学生会和其他校际活动,参与社区各类活动,会使他(她)在实践中增强演讲、沟通的能力,进而培养孩子的成熟感(这一点往往是亚裔孩子的薄弱环节)。这种心理素质方面的培养,是需要长期累积的。

在拓宽知识范围方面,主要指对当前社会、国际、国内时事政治的关心与了解,这些知识或经验要通过大量阅读和参与社会活动来获得。至于对面试的学校,在面试前最好做细致的了解,如该校的历史和校训,与该校有关的名人趣事,甚至校园里独特建筑的来历。如普林斯顿的哥特式建筑的大教堂;哈佛的三个谎言塑像;耶鲁的大理石善本图书馆和宾夕法尼亚大学的本杰明·富兰克林的塑像,以及他掉落在校园另一处的纽扣等等。对这些象征性的标志和建筑的知晓,足以表示你对该校的深切向往。

充分准备面试问题后,学生可以在家和父母进行一次模拟面试。预设在面试中可能遇到的各种情况,做到胸有成竹。

具体面试时,回答问题应尽量引导面试官问自己很熟悉也很有成绩的领域,切忌啰嗦,要有重点。表现对该校的兴趣时,可以陈述参观校园的经历,参加学校的 Summer School 等活动。另外还可以把获奖证书、自己创作的音乐或书画作品随身携带，在面试过程中找合适的机会，展示给面试官看。

　　面试结束回家的当天，给面试官发一封感谢信，感谢他花时间和你面谈，以及他给的建议。请记住，发这封信的标准不是面试的好坏，而是你的修为和涵养。结果未出之前，没必要乱猜，即便面试真的不理想，没准会"柳暗花明又一村"呢。

十四、被名校拒绝或列入候补后

◎努力之后,心便安然。

> 1879年除夕,爱迪生电灯公司所在地洛帕克街灯火通明。对1600多种耐热发光材料逐一试验,不可谓繁杂,时间、精力、金钱……大把地流逝。然而,爱迪生锲而不舍,最终成功。报考名校,编织远大梦想,又何尝不需要爱迪生式的执着?

　　4月1日是名校的录取发榜截止日,通常有三种结果:录取、拒绝和被列入候补名单。

　　尽管候补等待再被录取的比例相当低,但可能性还是存在的,应该立即着手与该校录取部门联系,询问以下几件事:

　　1. 这个候补名单有排名顺序吗?如果有,我排第几?

　　2. 这几年候补再被录取的比例有多大?今年的比例会相似吗?

　　3. 我能否再补充一些资料和12年级在校成绩呢?补充新资料的截止日期是哪天?若被允许,立即将新的成绩单和社区活动或新的证书寄往学校,努力抓住仅剩的机会,使自己有望成为最后一批幸运的考生。

　　被拒绝后,应该做的几件事:

　　1. 重新定位,力争未来在大一或大二时,转学进入名校(transfer)。加拿大的考生如果被美国名校拒绝,大多会很轻松地在加拿大的名校中做选择。因为有过去几年为考美国名校所做的各种努力,进入加拿大大学后,通常会感到轻松。如果能从第一次失利中找到差距,努力改进第一次申请时的弱点,并力争在本专业中保持高的排名(顶尖 GPA),在大一第一学期结束前,上美国名校的网站搜索有关转学的各项规则,准备相应资料,再次冲击。近几年,温哥华地区不乏这样转学成功的事例。

2. 重读一年,来年再战。这种做法的问题是,在中学校方的推荐信中,如何对复读一年的事实给出最恰当的理由。所以一定要三思而后行,一般不推荐。

3. 对于被拒绝的结果提出上诉,但成功的例子极少。

十五、准录取信

◎你是我的牵挂，在我的内心深处呼唤着你。

> 与中国高考"一刀切"的录取方式不同的是，美国名校不是单纯地录取分数最高的学生，而是录取那些与自己价值观最匹配的学生，有独立思维、清楚自己需要什么、想做什么的学生。每一份学生的分数以及个人简历都会被美国院校进行数据与材料内容上的多方对比考虑，以确定最终录取的学生是最符合学校需求的人才。

美国名校为了争夺优秀生，常常在正常申请发榜的日子之前的几个星期，开始有选择性地发送好消息。对于优先申请约在10月中旬，对于正常申请约在2月底或3月初。此类信函英文名称为 likely letter，中文称"准录取信"。信函的大意是：我们已经决定录取你，所以你可以松口气了。但切记，从现在开始到收到正式录取信期间，不要犯错误，因为这封信并不是正式录取信函。

发送这类希望之信的决定，实际在相当程度上是随意行为，因为在决定发此信时，其实有许多非常优秀的考生的申请资料还没有获得正式评估，这当中仍然会有很多人最终被录取。不过获得准录取信的考生应该说是运气非常好的，申请资料先被审阅，并能早先一步得到好消息。

有人问过，这种信是否需要回复？我的建议是，回不回复可视信函要求去做。但如果对来信的学校非常满意，应当主动回信表达心意；如果不太满意，则不必着急回复，可等到4月1日，看其他学校的消息再说。

十六、名校报考后的问题

◎撞线的那一刻，一定莫摔倒。

> 对于每一个学生来说，申请材料是一个让招生官进一步了解自己的重要途径，学校希望从申请材料中看到学生学习成绩以外的东西。比如社会责任感、团队合作精神、人际交往能力、组织能力和领导才能等。因此学生要尽可能地丰富自己的课余生活和课外活动，这样才能在准备材料时言之有物，贴近生活，进而打动招生官。

在考生递交申请表后，有的学校很快发电子邮件，要求申请人家庭迅速补交财务证明文件，即填写规定表格并附上银行存款证明。信函还明确指出，提交这份文件属于报考申请的一部分，不交此文件，被认为是申请文件不完全，学校将不予评估。过去，大部分学校都是在考生被录取后，才要求提交这类文件，以备申请学生签证之用。因此，考生在完成通用表格和学校附加表格后，还应上学校网站搜索对不同学生(比如申请美国的加拿大学生算国际学生)申请的要求细节，以免遗漏必要的文件而影响录取评估。

名校录取部门需要考生所在中学辅导员直接送达官方成绩单 (**Official Transcript**)，对于参加优先申请的考生，11月1日之前的官方成绩单只能反映9、10和11年级的状况。对于参加正常申请的考生，1月1日是截止日，这时12年级的第一个成绩报告 (Report Card) 已经出来，中学辅导员还应按照要求用这份成绩单，来完成另外一份被称为年中报告 (**Mid-year Report**) 的表格，送往报考学校。名校希望通过这份报告了解考生在最后阶段的状态。因此，已经完成报考的考生，一定还要继续努力，因为12年级成绩的下滑，同样可以使你痛失良机。

  目前，大多数学校都通过网上系统直接传送推荐信，只有个别老师仍然愿意采用纸质方式邮递。正常途径应该是考生将写好地址并贴上邮票的信封交给老师，推荐信完成后由老师直接寄出。

温情的叮咛

离开想念的故土，来到陌生的国度，我觉得我是幸运儿。我的幸运不是因为我来到了加拿大，相反，故乡和亲人时刻在我心里，而是我真切体验到了两种全然不同的生活。

当国内的生活还在梦里萦绕，当老朋友的叮咛还在温暖我心，我的世界已经加入了更多新鲜，扬帆离港。天穹一样的高远，生活一样的铿锵，不论在国内还是国外，我的脚步依然踩出音乐的节拍。

记住该记住的，珍藏该珍藏的，忽略该忽略的。此时的我，尽情享受着回忆的心旌轻摇和憧憬的粉嫩甜蜜，温柔的光下，细碎的键盘声中，我用心写下这章的每一字，让诚意绽放在细语呢喃、香氛氤氲的风里。

一、行李的准备

◎莫让物质的行李成为心灵的行李。

> 出国之前的准备工作中,行李的准备是重头戏。根据加拿大的有关规定,结合我们自己的实际,具体看一看,第一次准备长期居住要带什么。
>
> 轻装简行也许是不错的选择。总之,我们是没有带什么2个大箱子,3个小箱子。没有的,就在当地购买。家的感觉不在于物,而在于心,心安定了,那里就是家。

出国之前的准备工作中,行李的准备是重头戏。根据加拿大的有关规定,结合我们自己的实际,具体看一看,第一次准备长期居住要带什么。

电器最好别带,主要是电压和电源插孔都不一样。如果要带,可以在淘宝网上购买出口到加拿大的电器产品。

可带些床上用品。

加拿大的冬天比较冷,要带上羽绒服。

加拿大的名牌服装、护肤品、化妆品都比国内便宜很多,就不用带了。

如果带了个人电脑,一定要带上几个转换插座。

加拿大海关对新移民第一次带的所有物品入境是免税的。行李注意不要超重,航空公司有明确规定。规定一般是,每个乘客可以带两个30cm×30cm的箱子,一家3口可以带6个箱子。每个箱子不得超过23公斤,如果超重,超重部分所付的费用可能会比你的物品还贵。

有的人会选择海运，带很多的东西，比如家具（加拿大的家具比较贵）。首先，了解海运的流程，了解有关海运的一些名词。比如：货代、船代、海代、整柜、拼箱、门对门等。然后，查看海运的价格，选择一个好的海运代理公司。之后准备拆家具，整理好你认为要带走的家具，包装，等海运代理公司通知进仓，将包装好的家具运到港口，卸货。然后去报关公司填表报关，交款。一般需要30至40天的时间到达加拿大。

这里讲个小插曲。2014年，温哥华的货柜车司机罢工，导致海运送到的集装箱货柜没有办法运输，其中就有来自中国移民家庭的集装箱，包括家具、衣物、生活必需品，严重影响了安家定居的生活，致使该家庭对温哥华的移民生活充满了绝望，几乎就要打道回府了。所以，轻装简行也许是不错的选择。总之，我们是没有带什么，2个大箱子，3个小箱子。没有的，就在当地购买。家的感觉不在于物，而在于心，心安定了，那里就是家。

二、如何选航班

◎只要有心，天空也是家。

> 如果经常购买某一航空公司的机票，可以申请该航空公司的会员卡，积累里程。特别是国际航班，每飞行一次，积累的里程数是很多的，可以兑换礼物，升舱或获得免费机票。

　　机票淡旺季划分：加拿大的淡季时间大致为每年的2月至6月，9月底至12月。因每年的淡旺季划分会有所不同，所以日期上会有些许变化。每年的7、8、9月份是一年中的旺季高峰期。这段时间不仅价格高，而且座位非常紧俏，所以尽量避开这个时间出行。

　　特价：在淡季时会有一些具有竞争力的航空公司推出特价。要根据自己的情况确定航空公司，如从北京或上海出发者可以选择加航，价格低且税钱相对少。需要国内其他城市联程者可选择国航，加几百块钱联程到北京转机。且有些城市在北京转机时不需要取行李，特价票的规定会较多。如去程不能改期及退票，回程改期需要收费等，需要特别注意。

　　儿童订票：国航机票中儿童在成人正常价格基础上会有七五折扣，但有些航空公司的特价却没有针对儿童的折扣价。这时候儿童可以走正常价格的七五折，与特价比较后选择较便宜的价格。

　　出票：在机票预订后通常会有一个保留时限，如国航、东航与加航特价订票后保留一周，加航正常价格保留二周，大韩的保留时间可能更长些。在订票后要主动询问保留时限，好在此时限前出票，以免因座位取消订不到合适机票而改期，耗费时间与金钱。

转机：除温哥华和多伦多有直飞航班外，其他城市通常都需要在温哥华转机。

我尝试过多条途径购买机票，根本原则是：越早购买越便宜。北京的机票代理商、网络购票、温哥华旅行社……只要多比较，一定能买到便宜的机票。我有一次在5月底购买8月的机票，同样拿到了4千多人民币的价格，要知道8月是一年中机票最贵的几个月份之一。我是在网站上搜索到此价格的机票，打了电话查询，原来是积分兑换里程票，这种票的特点是不可以退和改签，只要有把握不会有变动，买这种票是非常划算的。

如果经常购买某一航空公司的机票，可以申请该航空公司的会员卡，积累里程。特别是国际航班，每飞行一次，积累的里程数是很多的，可以兑换礼物，升舱或获得免费机票。我们是东方航空公司的常客，有一次，我乘坐国内航班，改签了特价机票，按规定需要补交几百元的手续费。因为会员的身份，我们得到了优待，手续费全免。所以，我们一如既往，做东方航空公司的拥趸。

三、住宿与安全

◎须知：要与安全同住。

> 在国外学习，如有父母的陪伴，住宿安全自然没有问题。但对那些只身赴加拿大留学的学生而言，住宿安全是非常重要的一件事情，有3种住宿方式可以选择：寄宿家庭、集体寝室或学生宿舍、校外租房。

在国外学习，如有父母的陪伴，住宿安全自然没有问题。但对那些只身赴加拿大留学的学生而言，住宿安全是非常重要的一件事情，有3种住宿方式可以选择：寄宿家庭、集体寝室或学生宿舍、校外租房。

1. 寄宿家庭

寄宿家庭是去加拿大留学住宿的一个选择，尤其是高中以上的学生。加拿大的很多家庭都欢迎国际学生，这种方式最适合刚到加拿大的学生。大部分加拿大寄宿家庭都可以提供有家具的私人房间及三餐，以及大部分日常生活用品。住在寄宿家庭，基本不需要自己到外面购买食品和生活用品。这样可以节省很多精力、金钱和时间，专注于学习。如果是西方人家庭，还可以提供练习英语的日常环境，是对正规课堂学习的有益补充。孩子如果能充分利用这样的机会，参与家庭活动，了解所在家庭，建立良好关系和练习英语口语，将是培养独立、宽容、解决问题能力的好机会，从而终生受益。

加拿大法律不允许种族、民族、宗教、婚姻或性别歧视。每10名加拿大人中，就有 4 名是移民或移民后裔。因此，寄宿家庭住宿工作人员无法刻意为您安排入住西方人家庭。整个加拿大人口呈现老龄化趋势，三分之一的婚姻以离婚而告终，同居的未婚夫妇与已婚夫妇享有同样的法律地位。因此，家庭形式多种多样，可能是离异的单亲带子女家庭，也可能是单身男士、单身女士、未婚夫妇或老年夫妇家庭。很多加拿大家庭都有宠物，狗、猫、鸟或鱼。家庭宠物通常是家庭的重要成员。

加拿大的留学生国籍相当广泛——中国、韩国、日本、印度……绝大多数的寄宿家庭中还有其他留学生。家庭寄宿的膳食是指一周七天都提供早餐、午餐和晚餐。早餐和午餐基本上都需要学生自己准备。加拿大人的早餐通常包括谷类食品、烤面包、果酱与牛奶、茶、咖啡、果汁，也会有水果和酸奶。午餐通常包括三明治、水果、蛋糕和饮料。晚餐一般包括主菜和甜食。寄宿家庭主人会希望所有人一起共进晚餐。如果不能回来吃晚饭，最好在早上出门前通知他们。

在大多数家庭中，你同家庭其他成员共用同一个浴室。最好搬入后就询问清楚自己洗澡的合适时间，以免时间发生冲突。由于加拿大人很注重环保，他们从小树立了节约用水的观念。大部分人沐浴，只用 5 到 10 分钟。洗完后要将浴室清洁一下，用布擦拭干净，最后开窗换气。

寄宿家庭允许留学生使用电话，但需要支付拨打电话的费用。尽可能在 10 分钟内结束通话，以免影响家庭的其他成员使用。告诉家人和朋友不要在加拿大时间早上 7：30（周末应更晚）之前或晚上 9 点之后给你打电话，因为别人此时可能正在睡觉。

主动参与是融入家庭的最好表现，寄宿学生不要心存"我付钱你劳动"的想法，应适当参与一些家务劳动，如洗碗碟、摆桌子等。所有学生都要保持房间整齐，在使用公用地方后，须保持整洁。周末，利用空余时间，可以给寄宿家庭做一顿拿手的中国大餐，感受家庭的气氛，也许，你会和他们成为一生的朋友。

2. 集体寝室或学生宿舍

许多学校在校园内或附近都有方便的集体寝室或学生宿舍。房间的大小及品质各有不同,许多学生宿舍有共用厨房、厕所、浴室及洗衣设备。通常可以选择合住房间或私人房间,多数学生宿舍有简单的家具。在有些地方还有自助餐厅,伙食可以包括在房租内。选择住在学生宿舍,是参与校园活动及认识其他学生的理想方式,而且宿舍在校园内或者附近,可以节省交通费用和时间,有更多的时间学习。但是学生宿舍一般会比较热闹,特别是周末,经常会有聚会,喜欢安静的学生可能会觉得受打扰。

3. 租房

这种方式比较适合到加拿大一段时间后、生活能力较强的留学生。这时候,学生对所在城市已经比较熟悉,也结交了一些比较亲近的同学或者朋友,可以选择自己租住或者和别人合租。但是租房价格、品质及有无房间出租等方面各地差别很大,许多学生合租较大独立屋内的套房(带有厨房、厕所、浴室以及卧室的设备齐全的独用单位)。公寓是另一种选择,有厨房、厕所、浴室

北美最美丽的校园——UBC

以及一间或两间卧室。大多数出租公寓有冰箱及炉具,但不包括家具。有些在房租内包括暖气或电费。大多数房东要求预付损坏定金,租金则每月一次用现金或支票支付。

　　加拿大政府规定,出租的房屋在冬季室温应保证不低于20℃,如果达不到此标准,房客可以不受合同的限制拒交房租或者搬走。此外,加拿大法律规定,房租一年只能涨一次,如果房东非法随意涨价,你可以警告他这是违法的,假如他仍然坚持,你可以向当地政府提出控告。

　　关于住宿的一些细节问题,应提前跟房东谈好,并请房东出具书面承诺。要特别注意租房押金问题,国外租房一般都要先交几百元的押金。有的房东会在你退房时,以各种理由来克扣你的押金。拿到租房合同后,别忙着签字,应先找有经验的留学生或专业人士看一下,以防其中有疏漏。签字后要妥善保管押金条、租房合同等各种凭证,尽量避免发生住宿纠纷。住宿纠纷大多是由房价或住宿条件引起的,留学生在出国之前,应对学校所在地区的房价等信息有所了解。一般来说,第一次租房都不太可能完全符合自己的要求,应以短租为主,给自己留下改变的余地。

　　就安全性来讲,学校公寓无疑是最高的,但由于学校公寓租金相对较高,很多留学生选择校外住宿。

　　无论你选择哪一种住宿方式,安全都同样重要。

四、倒时差

◎倒时差最好的方法，是提前让自己进入角色。

> 所谓时差，就是人体内的生物钟和外界环境不同步了。多数时候，生物钟使我们的生理状态和行为活动与外界昼夜节律相同。
>
> 从中国到加拿大的多次往返旅程中，我总结出一些措施可快速适应新环境下的作息，减轻时差反应。

所谓时差，就是人体内的生物钟和外界环境不同步了。生物钟指的是生物体的行为、生理或形态特征都有其自身节律，会随着时间而周期性变化。对人类而言，也有各式各样的节律控制着我们的活动，包括体温、血压、心率、睡眠、智力、情绪等。多数时候，生物钟使我们的生理状态和行为活动与外界昼夜节律相同。

然而，当你经历了国际飞行，确切地说是跨经度飞行时会受到时差的困扰。通常情况下，跨越3个时区以上的飞行才会对人们造成影响，而南北向的飞行不会有这类问题。

从中国到加拿大的多次往返旅程中，我总结出一些措施可快速适应新环境下的作息，减轻时差反应。在动身前一定要弄清目的地的时间表。吃饭要按照目的地的三餐时间进行。比如你本来该吃午饭了，但这时是目的地人们的早饭时间，那么你就要控制自己少吃一些，而且吃些牛奶、面包之类的早餐食

北美第一滑雪圣地——惠斯勒

物。又比如你本来该睡觉了,但为了预先和目的地居民的生活习惯一致,就可以找些能提起兴趣的活动,如听音乐、看电影、打游戏等。如果调整得当,一般到达目的地的第二天,除了睡眠时间会和平常的睡眠时间相差一两个小时外,就基本没什么时差反应了,至少不会觉得很难受。

五、CIIP 项目

◎窗子的作用不仅是透气,更为看风景。

> 对于新移民,适应加拿大的生活、找一份满意的工作绝对是一大难关。针对这个情况,加拿大政府开展了一个针对新移民的扶助计划,也就是CIIP。我推荐新移民参加CIIP,为自己的新生活多寻求一些帮助。

对于新移民,适应加拿大的生活、找一份满意的工作绝对是一大难关。针对这个情况,加拿大政府开展了一个针对新移民的扶助计划,也就是 CIIP (Canadian Immigrant Integration Program,加拿大移民融入项目)。

CIIP 只服务于已经接到体检通知的准移民和拿到大信封的新移民。CIIP 有两个参加方式:见面会和 Online(在线),具体的举办时间都是通过邮件通知的。我们得到通知,有三个不同地点的见面会——北京、上海和广州,就报名参加了上海的见面会。见面会计划开两天,分两个部分:第一天是全体会议 (group session),第二天是一对一辅导(one-to-one session)。他们的工作人员非常周到,我提出因为我们住在无锡,希望当天从上海返回,能不能一对一辅导安排在第一天全体会议之后。他们及时回复,真的把我们安排在了第一天下午,使我们可以在结束后当天回到无锡——很令人感动。

全体会议从早上 9 点到下午 4 点半,主要介绍了加拿大的整体情况、新移民需要注意的一些事情、与 CIIP 有合作关系的机构以及所能提供给新移民的帮助项目、简历的注意事项，还根据大家的目的地有针对性地加以介绍。

CIIP 工作人员介绍的写简历的注意事项对我帮助特别大。加拿大的简历和中国的简历不一样的地方在于：不能写性别、年龄、身高等个人信息，如果写了，在第一轮的筛选中就会被扔到垃圾堆里。因为如果你写了这些信息，公司面试你之后，没有录用你，你可以以"性别歧视、年龄歧视或身高歧视"来指控它。所以，写简历的潜规则是不能写这些信息。此外，对于缺乏工作经验的新移民，CIIP 会有机构帮助我们寻找增加实习的机会获得宝贵的经验，这大大增加了我的信心。

第二部分的一对一辅导持续一个半小时，会针对每个人的情况做具体的分析。虽然我在国内是有教师资格证的老师，可是加拿大不承认中国的教师资格证，如果要继续从事教师职业，我一直考虑是不是要在加拿大继续上学，然后考当地的教师资格证。工作人员告诉我，如果按我的设想，至少需要两年的时间，而且只能是兼职老师。其实加拿大的华裔学生很多，根据我的教学经验和资历，完全可以在英文培训学校工作，这样不需要任何学习和认证，一登陆就可以有一份有保障的收入。他的分析打消了我的疑虑和担心，使我对加拿大的新生活充满了信心。

活动结束后，工作人员将针对每个人的 **MAP（My Action Plan）** 发给个人。在加拿大定居半年后，我又收到了工作人员的来信，询问我们在加拿大的生活情况，尤其是工作情况，这一切都让我感觉他们的工作非常细致、非常贴心。

鉴于此，我推荐新移民参加 CIIP，为自己的新生活多寻求一些帮助，何乐而不为呢？

六、是否选母语为英语的教师

◎ 能念好经的，未必都是外来的和尚。

> 选择老师的标准应该是对这位老师的语言水平、教学能力、工作经验等因素的综合衡量，与老师的母语是否为英语没有必然联系。以英语为母语的教师，有高水准的，也有一般甚至较差的。不是以英语为母语的教师，自然有平庸者，但也不乏优秀者。

这个问题不是在加拿大独有的，在中国，很多英语培训机构就以全外教作为卖点。在一般人的心目中，以英语为母语的老师，肯定既权威又博学，学习起来事半功倍。

选择老师的标准应该是对这位老师的语言水平、教学能力、工作经验等因素的综合衡量，与老师的母语是否为英语没有必然联系。以英语为母语的教师，有高水准的，也有一般甚至较差的。不是以英语为母语的教师，自然有平庸者，但也不乏优秀者。

客观地说，如果学习口语，外教确实有优势。他们发音自然标准，口语表达准确丰富。对于母语非英语的人来说，要达到口语地道流畅，通常至少要在英语国家生活3年以上。而发音，则与年龄和个人的悟性相关。大多数人一旦成年，发音改进的可能性就很小了，语音真正能达到母语水准的凤毛麟角。

然而，口语学习仅仅是英语学习中的一个组成部分，英语学习还包括听力、阅读、写作、语法、应试技巧等，优秀的中国教师一样可以做得很好。比如说，语法教学，一些在中国长大的孩子到加拿大来学习，一方面英语读物的阅读量不够，要想通过耳濡目染来培养语感，并运用于写作，根本不可能；另一方面，本地的学校（包括学校里的ESL班），老师往往是通过大量的语法练习让学生习得语法，因而效率不高。很多孩子学了好几年的ESL，还没有跳出来，如何进入正常的课程学习？这样，就浪费了宝贵的时间，导致不能毕业，最终影响申请大学。而优秀的中国教师，了解中国孩子的问题所在，四两拨千斤，有效点拨，事半功倍，可以帮助孩子迅速进入正式课程的学习，尽快融入。

七、ESL 学习

◎让英语真正成为你的第二语言。

> 既然出来留学,就要让自己的社交圈国际化,了解多元文化,而不是抱持所谓的国粹主义、民粹主义甚至爱国主义,觉得避免和中国同学来往就是不爱国。其实通过和各种族同学的交流,向他们传播我们的中华文化,虚心了解人家的文化,建立自己兼容并蓄、开放谦虚的个人形象,这才是爱国。

BC 省作为接受移民和国际学生的大省,对于 ESL 教学是很重视的。但坦率地说,教学效果不尽如人意。BC 省对 ESL 的教学管理,只有教学大纲,没有规定具体内容,而且公立学校的老师素质参差不齐。有的老师不够负责,还有一个很重要的原因:教育理念不同。

一些公立学校的 ESL 老师,课堂上轻松有余,严谨不足,认为学生跳不出 ESL 也不是什么大事,没什么可着急的。所以孩子学了很长时间,也没有明显进步。

事实上,ESL 教学是非常有挑战的,甚至超过了 SAT 等课程,因为有效的 ESL 课程设置一定涵盖思维的转变和文化的融合。当地公立学校的 ESL 的设置,主要是思维和文化,但他们没有完全顾及各族裔的文化和孩子们在故土学英语的实际情况,所以孩子们难免进步很慢。

当然,完全采取中国式的 ESL 学习方式肯定也是行不通的。如何实现快速地思维和文化融入是 ESL 老师要思考和实施的,同时也是家长时刻切盼的。孩子 ESL 能否快速出来与家长有很大关系。大部分家长不懂 ESL 教学,只知道逼迫孩子背诵单词表,做语法练习,要求老师布置大量的作业,效果当然不理想。

刚刚来到一个新的国度,接触新的文化、不同的教育理念,家长首先要自我调整,迅速适应,才能带领孩子尽快适应,尤其是那些有让孩子进私校和常春藤盟校期望的家长。

温哥华地区的各个市 ESL 的差别很大,如果比较跳出 ESL 进入正常班的难度,列治文和温哥华可以说分列一、二名。列治文 ESL 分 5 级,温哥华分 4 级,老师会将升级考试卡得比较紧,保证学生有充足的课时学习 ESL。这样做的好处是,跳出了 ESL 的学生,基础扎实,比较容易跟上普通班的学习,一般再"回炉"上 ESL 的可能性较小。

而在其他地区,比如南素里(白石)或三角洲地区,一般在两个学期之内,学生就可以告别 ESL。出了 ESL 的学生,到了正常班之后,需要一段较长的

绽放自信的笑容

适应期，需要比较努力才能真正跟上正常班的节奏，多数学生可以跟上，少数学生则不行，甚至又回到了 ESL 班。

这样看来，"松"或"紧"各有利弊。如果孩子还小，影响不是很大；如果孩子已经 10 年级或以上了，卡得很紧的 ESL 就会延误孩子的正常毕业，进而影响上大学。年龄超过 19 岁以后，就只能到成人高中或是其他机构修满学分。所以，选择温哥华地区的哪个市定居，ESL 的教学，综合孩子的年龄，也都可能成为考虑因素。

小孩子需要好的习惯，需要好的学习环境，尤其需要专业的老师鼓励他们建立自信。如果有幸遇到一位专业的 ESL 老师，孩子们在不知不觉中就会融入当地的语言和文化之中。

八、如何提高英语写作能力

◎写作是学习语言的途径和手段,也是目标和意义。

> 英语是当今世界上主要的国际通用语言之一。从全世界来看,说英语的人数已经超过了其他任何语言的人数,10多个国家以英语为母语,45个国家的官方语言是英语,世界1/3的人口讲英语。在中国,英语在工作、学习中的重要性也越来越凸显,英语写作也越来越被国人重视。对于在国外学习的人来说,英语写作水平的提升,不仅仅是长远意义上的工作、生活所需,亦是短期学习中升学、拿文凭的必备。

作为第二语言的学习者,听、说、读、写四项技能,最难提高的便是写作能力。许多名牌大学对托福、雅思成绩有至少 6.5 分的要求,对写作往往还有单项分数的要求,可见大学对学生写作水平的重视。"文如其人",一个人动笔写的文章淋漓尽致地体现了这个人的内在修养。因此,学习写作,不仅仅是英语水平的提高问题,更是培养思维能力、综合修养的慢功夫。

所幸,很多家长都已意识到写作的重要性,这里我将谈谈如何提高写作能力的问题。

一篇好文,有三个基础:词汇、语法和逻辑。

我是一个超级严格的写作老师,被我批改过的文章通常都会布满了批注。有学生戏称"自己写完后,感觉良好;Shelly 老师批改后,没脸见人"。先说说他们最常见的问题,单词的拼写总是出错。我在批评他们时强调,**no excuse**(没有借口)。因为在我们生活的现代社会里,竞争激烈,一个才华横溢的人都有可能被埋没,你怎么能够让别人能透过你的粗心和马虎,发现你的才华呢?我告诉他们,这不是危言耸听,也不是夸大其词。我曾经担任过国际学校的校务主任,负责学校教职工的招聘工作。因为在求职信或个人简历中出现错别字,因为在试讲时板书中出现的错误拼写,我把多少人打入了黑名单——我把写错别字和个人的素质联系起来,大部分的公司也是如此。作为学生,如果不从现在开始注意这个问题,将来恐怕会因小失大。家长也一定要从孩子的小毛病中看到,它可能给孩子将来的成长带来什么样的危害,从而防患于未然。

为了调动学生的积极性,我会要求他们自己先检查是否有错别字和语法错误。没有把握的,查字典或语法书解决,最后再拿到我这里来过关。这个方法渐渐有了效果——他们对自己写的文章开始负责任了。

关于过好英语语法关,留学生们都有这样的体会,在加拿大学校里的英语课堂上,老师是很少专门讲语法的。西方人老师教语法的方法适合于母语是英语的孩子,培养语感。可是对于有 ESL 背景的孩子,要高效地融入本地的教育,这种方法是不适合的,或者说效率比较低——孩子的时间太宝贵了。

由 Pearson 出版的 *Focus On Grammar* 是我在众多的语法书中精心挑选的一本,特别适合中学生。书中的阅读材料,覆盖了雅思写作的"十大话题",所以,对于在加拿大上中学未满四年、需要提交雅思成绩申请大学的学生特别有针对性。书中设计的写作活动,与语法讲解紧密结合,学以致用。

我在讲解语法时,中西结合,比如学生最常见的错误——句子主要成分不完整,我就要求他们用划句子主要成分——主、谓、宾的方法,自己把错误找出来。在讲解虚拟语态这一部分时,我用设置情景的方法,让学生身临其境,逼真地感受后悔、遗憾的心情,虚拟语态的句子自然流露。所以,语法的教学,西方人老师、中国老师,各有千秋,最佳的是中西教学方法的结合,以效率为导向。

此外,英语中的一些固定用法没有道理可讲,也没有规律可循。在读书学习的过程中,要留意总结,认真做笔记,并学以致用。语法水平的提高,不是一朝一夕就可以解决,要用心积累——慢功夫。

英语写作学习,除了句子结构以外,另一方面就是逻辑问题。学生的作文中经常会有概念不清和表述重叠等问题。有逻辑错误的病句，从句子结构和英语语法等方面去看是没有任何毛病的，但是，从语言表达的准确性上看便可以找出许多不完善的地方。比如，"参加活动的有医生、律师、学校职员、教师和学生等"，这句话就犯了逻辑错误，因为学校职员中已经包括了教师。这种错误叫概念重叠。类似的逻辑错误还有许多种。有意识地注意到文章写作中的逻辑思维问题，便可大大提高写作水平。

完成了以上三个要点的修炼——词汇、语法和逻辑，注意文章是否贴题、语言是否流畅、结构是否严谨这三个基本点，学生就达到了学校英语写作课程对一般学生的要求，学校的英语成绩达到七八十分没问题。

如果还想上个台阶，学校英语要达到优秀，怎么办？

一个人的语言是他思想的外在表现。没有深刻思想内涵的人，他的语言表达也一定是肤浅乏力的。不少文学作品，文笔纵然华丽流畅，但是由于欠缺思想的光芒而黯然失色。一篇好的作文，无论是中文的，亦或是英文的，都应该有深刻的思想内涵和完美的表现形式。

因为教SAT写作，我经常品味那些美国学生写的满分SAT文章，和中国学生写的作文比较。我感到美国学生的作文有着共同的特点，语言表达方式丰富；同时，从他们的作文中也能够看出，他们的阅历很丰富，因此思考、叙述和分析问题的方式也相当深刻。再加上英语是母语，运用自如。第二语言的学习者与他们的差距不是一朝一夕就可以跨越的。

中学生的思想比较简单，写出的文章往往没有思想性。我要求学生，每篇文章，必须告诉我在文字之外，要表达的是什么样的思想。这样，他们便渐渐学会了思考："我写的这句话是不是废话？""结尾处能不能升华一下主旨？"

我一直强调阅读对写作的重要性。孔子教育学生："取乎其上，得乎其中；取乎其中，得乎其下；取乎其下，则无所得矣。"学生的时间有限，除了学习以外，还有体育运动、社会活动，所以要鼓励他们多读英文原版的世界名著。通过名著赏析，丰富语言表达方式，提高作文水平，品味这些作品妙语连珠的文笔和精辟绝伦的思想。

每次听到学生对所读名篇的赞赏，以及他们对精彩之处发出的感叹，我都会为他们的进步感到兴奋。我清楚地看到,他们是站在了这些文学巨匠的肩膀上,感悟人生、社会、历史和未来。我知道,虽然他们的这种感悟还只是间接的体验,但是,已经能够从文学大师们的名篇中,初步了解到爱情、亲情、友情、宽容、仇恨、希望、幻灭与死亡等人生和社会问题。语言表达能力,分析与思考能力,在不知不觉中一步步地提高了。我相信,他们还养成了一种不盲从别人和善于独立思考的好习惯,这将使他们终生受益。

  英语写作永远都需要提高——对我来讲也是如此。

九、孩子如何与老师相处

◎喜爱是阳光，沟通是阳光照入的窗口。

> 如果一次交流、一段关系让我们感到伤心失落，那有可能是我们的谈话方式和交往方式造成了这样令人不满意的结果。我们的语言确实常常引发自己和他人的痛苦。否定、嘲讽、说教以及随便打断、肆意评价、不理睬、不回应等言语上带来的情感和精神上的创伤，这些无心的或有意的语言暴力让人与人之间变得冷漠、敌视，比肉体的伤害更加令人痛苦。总结来说，价值观的不同造就了不同的谈话方式、语言，这是一个人思维结构的外在体现。改变沟通方式是自我转变的重要开端。

曾经听说过北美大学英语课和其他文科课上，中国学生很难得到"优"的成绩。有些老师，一看到学生的姓氏是张、王、李、赵等，就知道英语不是他们的母语，这些学生即使英语水平较高，也很难得到高分。甚至有的学生做过实验，在几百人的大课上，同样的一篇文章，写自己的中文名字交上去，得到的成绩是"良"；用同学的英文名字交上去，得到的成绩就是"优"。因此，为了避免因老师的偏见而失分，有些中国学生在上大学以前还特意把自己的姓名改成了洋人的姓名。

如何看待这个问题？

我觉得，与其说西方人老师对华裔学生歧视，不如说是华裔学生没有得到老师的喜欢。东方文化中的内敛、谦虚的确与西方的价值观中的张扬个性迥然不同，甚至格格不入，然而，既然选择了在加拿大上学，就应该努力适应本地文化，做一个让本地老师喜欢的学生。

我有一个学生已经跳出 ESL 学习，我在给她做测试的时候，发现她的阅读、写作水平实际上远远没有达到要求，很疑惑。她告诉我，她也知道自己没有达到跳出 ESL 的要求，但她上课非常积极主动，赢得了老师的好感，老师给她的成绩很高。这个例子，从客观上反映了老师的价值观，学生可以借鉴，从而明白自己努力的方向。

幽默也是与西方人交往中重要的软化剂。我一直觉得要培养孩子的幽默感，幽默不是小伎俩，是大智慧。比如，到了申请大学、写 Personal Statement 的阶段，如果文字幽默俏皮，让你的个性跃然纸上，会大受招生人员的青睐。

Mina 并不是一个个性张扬的孩子，但她在学校融入得很好。家长会时我和老师的交谈中，可以感觉到老师们都挺喜欢她的，我想主要是因为她幽默的特质。

ESL 升级考试后大约有一个月，老师都没有公布成绩，我还对她开玩笑："你们老师是不是把试卷弄丢了？"当天下课后，她对老师说：If you don't tell us the result today, my great-grandmother will find you tonight（如果你今天不告诉我们结果，今晚我曾祖母会去找你）。逗得老师哈哈大笑，成绩第二天就公布了。孩子有自己解决问题的方式，四两拨千斤，让我们大人都自愧弗如。

作为教育工作者，我认为最重要的一点是要爱孩子。Ferris 小学的校长 Mr. S. Harrington，对学生的爱淋漓尽致地体现在每日的工

"家庭同乐会"上，校长接受了几十桶冷水的洗礼

作中。每天上学、放学，他会站在路口，指挥来往车辆，向每一位家长、学生问好、告别，风雨无阻。他记得每个孩子的姓名，让孩子感觉自己很受重视。最让人感动的是，学校举办的"家庭同乐会"上，为了博得孩子们的开心大笑，他主动当靶子。游戏中，孩子如果用球击中目标，满满一桶水就会倒出，如瀑布一般倾泻到他身上。那时，天气并不暖和，在风中坐了一个多小时，接受了几十桶冷水的洗礼——孩子们玩得开心极了。

来加拿大后，参加了多次家长会，每个老师都有各自的特点，印象最深刻的是 Miss J. Stene，那时她刚刚教这个班 3 个星期。短短的 20 分钟谈话，非常有条理，信息量又很大。她先介绍学校每日的课程，每门功课的要点，然后向我展示了给孩子们做的一个心理测试，结果显示 Mina：artistic，musical，deep-thinker（有绘画、音乐才能，善于深入思考），和我对 Mina 的了解惊人一致。她询问家长，如果给孩子的 Maths，Reading，Writing 能力排序，是怎样的结果。然后，她把自己对 Mina 的观察和我分享，谈论如何帮助孩子。她告诉我，要鼓励 Mina 多开口和别人交流——她的建议又一次告诉我，西方人老师喜欢什么样的学生。

回到家后，我把谈话的内容和 Mina 分享了，让她意识到，她很幸运地遇到了一位非常专业的老师，希望她更努力地融入当地文化，做一个老师喜欢的华裔学生。

十、孩子如何与邻居相处

◎芳邻给你的益处，多得你难以想象。

> 知名心理师分析，邻里相处方式也应随着时代进步而进步。在新的时代，人们既希望更好地保护隐私，又希望增加人与人之间的交流，邻居节、顺风车等都是很好的交往方式。只要大家付出真诚，从一点一滴开始，邻里之间一定会越来越和睦，从而为自己、为社会创造出一个和谐、文明的生活环境。

在加拿大，很多老人会在行动不便时，选择从城市屋搬到公寓，因为公寓有电梯。我们的公寓楼里就住了很多老年人。所以我们常常告诉孩子，在公共场所，要尊重老人和妇女。上下楼梯，进出电梯，要让老人、妇女先行，要主动予以照顾。进出大门要主动帮助老人妇女开门、关门。

邻居之间在公寓大厅、在电梯间，常常会问好。什么问题是可以问的呢？要充分尊重对方。在交谈中，不要问别人的婚姻状况和私生活；不要主动涉及对方工资收入和开支等情况；不要问成年女士的年龄；对女士衣饰可予以赞扬，但不要问人家是花多少钱买来的问题等。

和邻居成为朋友后，串门应该预约，不要做不速之客。做客时，除非主人领你参观他家的房子，否则不要随意到客厅之外的房间去，也不要随便用手触摸主人家里的物品。看到工艺品或挂画时，可发表些赞扬性的意见，但不要打听其价格。

美丽的晚霞

驾车去加拿大人家做客时,应遵照主人的意思在指定地点停车。一般公寓楼前的停车位有两种:标记有 Visitor(访客)的,是给访客停车的;标记为 Reserved(保留的),是别人的私人车位,不可以随便停。

远亲不如近邻,近邻不如对门,搞好邻里关系对一个人、一个家庭的生活质量至关重要。要教会孩子与邻居相处的本领,大人首先要"身先士卒"。父母的一举一动都是孩子的镜子,莫让这镜子灰尘遍布。有了和睦的邻里关系,你的生活就会时时处处充满了美:朝霞是美的,晚霞同样是美的,白天是美的,夜晚同样是美的,一年四季都是美的;健康是美的,偶尔的小恙,也不再可怕。

十一、如何参与志愿者活动

◎赠人玫瑰，手留余香。

> 联合国志愿者定义为"不以利益、金钱、扬名为目的，而是为了近邻乃至世界进行贡献活动者"。加拿大英属哥伦比亚大学（University of British Columbia）的研究人员发现，志愿者工作能促进心血管健康。其实，成为志愿者的益处远不止此。比如，可使人获得深入接触社会实际的机会，丰富阅历，增强感性认识，强化社会责任感，增强协作精神、团队精神和帮扶弱势群体意识等。

community service 指的是社区服务，志愿者在社区里提供免费的义工工作。美国、加拿大等国家在高中阶段都有固定的时间段要求学生完成，作为毕业前的一项分数。一般学校会规定最少需要40—50小时才能够毕业，为 service learning requirement（服务学习的要求）。有些学校有特别的 Scholarly Program（学术计划），可能会要求更高的时数。通常学校会列举符合社区服务的活动项目，假如你打算参加的服务不在项目之中，就要向学校申请，不然不会出现在纪录上。参加活动的时候要先报到，结束时有时需要工作人员签名。参加社区服务是申请大学的必需条件之一。但是即使与申请大学无关，参加社区服务可以学习与社会的互动，感受一些与自己平常生活无法接触的人和环境，对一个小孩的成长也有很大的好处。

对成年人而言，志愿者服务是加拿大生活的一个重要部分，是认识新朋友、学习新技能和争取加拿大工作经验的好方法。在国内的国际学校工作的时候，我担任过学校的 community service coordinator（社区服务协调员），曾组织过很多服务工作。

首先，通过电子邮件提出申请。工作人员会回信，并附上申请表格。填好个人信息，发回给工作人员。基本符合要求的，工作人员会和申请者约定面试时间。整个面试过程持续约1个小时：口头问答，如对志愿者工作的认识、经历，以及对所申请职位的理解；文件处理方面，给我设定了3个情境，让我分别回复了3封电子邮件。最后，提供了两个推荐人的联系方式，签订了保密合同、工作职责知情同意书。每一个步骤节奏紧凑，没有浪费一点儿时间，显示了工作人员的专业。

至于我的两个推荐人，要求不能是朋友。来温哥华后，我换了两份全职、一份兼职。离职时和原来的老板依旧保持友好关系，所以给他打电话说明此事，他也欣然同意做我的推荐人。另一个是兼职学校的教师负责人，我工作守时负责，在他们老师生病、急需老师代大班课向我求助时，我也欣然提供了帮助，解决了学校的燃眉之急，所以她也毫不犹豫地同意做推荐人。

我也设想过，当初如果因为工作的原因，留下人际关系的不愉快，今天

Mina 也是小志愿者，帮助教堂义卖

的推荐人我还真会毫无办法——加拿大是一个讲信用的国家，一份好的履历是不可能弄虚作假编造的。上苍之所以时时处处厚遇我，貌似偶然，实则必然，给我的启示是：任何时候、任何地点，都要认真对待工作，善待别人，在 not-so-distant future（不远的将来），我们一定会得到回馈。

最后一步，是到警察局开无罪证明，因为有社区志愿者中心开的介绍信，所以是免费的。如果是工作单位要求员工提供的无罪证明，则需要收费。我把无罪证明送到社区志愿者中心后，3天后就收到了通知，先安排上岗前的培训，之后便有了工作的排班。

就这样，我参与志愿者活动的愿望便实现了，简单吧？

十二、如何申请美国签证

◎心越细，事越顺。

> 加拿大永久居民都可以申请美签，因为美加两国东岸和西岸的城市距离近，北美人假期多，美国的东西便宜，税也低，所以一有闲暇加拿大居民都会去美国观光购物。从温哥华驱车去西雅图也不过一个多小时，周末当天可以来回。

去年国内大热的一部电影《中国合伙人》，生动地展示了中国留学生申请美国签证去美国留学的情形：美国使馆外的人群总是像迎接高考归来的勇士般注视着面签出来的人。没有拿到的，垂头丧气甚至眼泪汪汪，拿到的兴高采烈，如同中了头奖，旁人也跟着喝彩。即使是旅游签证，也有很高的拒签比例。如今我们来到加拿大，有了枫叶卡，申请美签会容易很多。

加拿大永久居民都可以申请美签，因为美加两国东岸和西岸的城市距离近，北美人假期多，美国的东西便宜，税也低，所以一有闲暇加拿大居民都会去美国观光购物。从温哥华驱车去西雅图也不过一个多小时，周末当天可以来回。有一个笑话说的是，在温哥华没有找到公共厕所，驱车赶往美国，解决难题之后，顺便汽车加油，买点儿鸡蛋和牛奶回来，来回不过一小时。

在申请美国旅游签证时，新移民也很可能被拒签。申请的成功与否关键在于：

1. 证明你到美国去是暂时性的（用加拿大雇主信、房产证等证明）；

2. 证明你有经济能力支持你在美国的旅游（用工作合同、税单等证明）；

3. 证明你在旅游结束后会回到加拿大的（用工作合同、孩子的在读证明、成绩单等证明）。

第一步是在网上预约签证时间，温哥华只有美国领事馆，没有使馆，进入领事馆网站，在网上就可以预约了。如果是一家人，每一个家庭成员都要分别预约。预约时，就可以在网上付签证费：每人140美金。然后填表格，每一位家庭成员的信息都要完成。如果没有填完，你可以先保存，下次登录后，网页上可以再调出来。记得填表前要先准备好美国签证规格的电子相片文档，网上填时要上传测试是否合格。表格填完后打印出来，接着就可以准备报签的材料。

特别分享一下我对照片的准备。在研究网站内容的过程中，我忽发奇想：美签的照片只要求白底，网站还有编辑工具可以编辑照片，不如用我们自己照的照片试试，省得舟车劳顿，专门到照相馆去。我们一家三口，就站在自家的白墙前面，用 iPhone4S 手机轮流相互拍照。传到网站上后，剪切成美签要求

西雅图街景

大小，经测试，合格！太令人惊喜了！我都禁不住为自己的"创意"沾沾自喜。

面签当天，一家人起个大早。美国驻温哥华领事馆位于 Downtown 的 West Pender 街，面签约在早晨 7 点半。6 点半开车从 Richmond 出发，半个小时就到了 Downtown。在领事馆对面的停车楼停好车，马路对面的大厦就是目的地。领事馆门外已经排了不少人，保安一个申请人或一个申请家庭地依次往大门里放。我们在早晨清冷的空气中排了半个小时，终于被请进了领事馆的大门。

进门后的第一步是安检。这是我迄今为止经历过的最严格的安检。不仅液体、食品、刀具、打火机等不让带进去，任何电子产品，包括手机、电脑甚至汽车的电子钥匙都禁止带入。幸亏提前在网上查过相关的要求，我们的手机都放在了车里，否则要费一番周折。如果安检人员在你身上发现有"禁入物品"，你就会被请出大门，处理掉这些东西，而且不会被允许马上回来重新安检，而是重新排队——算是对不注意人家关于安检事项的再三告诫而给的惩罚吧。

在二楼通过安检后，进入等候大厅，窗口里的工作人员验过护照、枫叶卡、预约单后，发给我们一个印着号码的纸条，让我们坐下等候叫号。记得那个工作人员看了我们的照片后，问我，照片是不是我自己在家拍的。我忐忑不安地直言相告。大概是我一脸"良民"的表情，他竟然没有要求我重新拍照，要知道旁边就是一台自动照相机，照片不合格的都会要求重拍。不一会儿，显示屏显示我们的号码，我们进入一道门，那道门通向电梯厅，有人候在那里，带我们进电梯上 20 楼。

20 楼就是领事馆的面签大厅。稍等片刻，就轮到我们了，窗口内端坐一位不苟言笑的白人女士，一连串问了我们几个问题：来加拿大多久了？住在哪里？在加拿大做什么？打算去美国干什么？去多久？然后波澜不惊地告诉我们："你们的签证申请被批准了。"过程简单得出乎意料，大概也就 5 分钟时间。我们准备的工作合同、学籍证明、银行存单、房产证明等，一件也没有被要求出示。

几天后，收到一封电子邮件，通知取回护照与签证的地点和时间，在温哥华飞机场附近，离我们居住的 Richmond 不远。

The United States of America（美国），我们来了！

十三、学生家长如是说

◎适合孩子的才是好的,不要强求。

> 关于出国,大部分家长和孩子都会有盲目的冲动和决定,但是,重要和关键的一点是,作为家长,你有没有站在孩子的角度,倾听孩子心灵深处的声音?你的孩子是否真的愿意出国?是否已做好出国的各种准备?

跟我学习雅思的 B 同学已经 11 年级了,10 年级来加拿大,至今还没有跳出 ESL 学习。母亲现在温哥华陪读,父亲做"空中飞人"经常往返两地。母亲现在说起来很后悔两件事:第一,B 小的时候,她和先生忙于事业,把孩子托付给了老人。等孩子到了中学,她发现孩子的学习习惯不好,总是喜欢拖延,有了问题也不愿意和父母交流。她意识到问题的严重,就回家做了全职太太,专心照顾孩子,然而,和孩子培养亲密感情的最好时光已经过去,想要弥补也很难了,所以和孩子的交流总让她觉得隔着纱,不通透。第二,为了让孩子不受国内应试教育的重压,学得轻松点儿,他们决定让孩子到温哥华上高中,没想到反而让孩子背上了更沉重的负担。现在高中毕业所需要的学分课程还不能修读,母亲很着急,孩子也即将满 19 岁,如果不能毕业就只能进入成人高中,这会让孩子的自信心很受打击。用她的话来说:"在亲戚、朋友面前也会抬不起头。"

和 B 同年来温哥华的 L,从个性上看是一个非常有主见的孩子,从一件小事就可以看出：L在父母回国后没人接送他时，自己坐天车来上课，很独立。他每次都会在我布置的作业基础上多做一些，所以他在我教的几个11年级的学生中，进步是最快的。他最快跳出了ESL课程，所以对于毕业的事情，他并不担忧，学校科目按部就班地学习，同时全力以赴考雅思，准备凭借优异的雅思成绩申请大学。

所以，如果一个家庭已经办好了移民的一切手续，请多倾听别人的意见，多比较孩子的异同，做睿智的父母，选择对孩子最适合的时机和最适合的道路。

十四、学长如是说

◎他山之石，可以攻玉。

> 父母如果忙于事业，疏于对孩子的关怀和照顾，教育的结果便会与送孩子出国学习的初衷背道而驰，从而追悔莫及，所以"劝君惜取少年时"——不仅适用于孩子，同样适用于家长。请家长惜取孩子的少年时，珍惜和孩子相处的点滴时光。

哲义的 A

A 同学：20 岁，来自投资移民家庭，从广州来温哥华 3 年。由于没有修完普通高中课程，满 19 岁之后，进入成人高中学习。他戏称自己是"伪富二代"。和他接触一段时间后，会发现他实际上是一个非常有思想的孩子。他曾说过一句话："没有能力的人，才把梦想寄托在孩子身上。"以此来表达对父母的抱怨——而这句话与我的教育理念"希望孩子成为什么样的人，父母首先要成为这样的人"竟然高度地契合。

17 岁来加拿大的时候，父母因为国内的事业暂时走不开，先安排他住在寄宿家庭。那是一段孤独、苦闷的岁月，饮食不合胃口，语言不通，没有朋友，他无法对父母倾诉，因为他们觉得已经给他提供了很好的条件，他没有理由抱怨。唯一可以理解他的是国内的女朋友。由于温哥华和国内有 15 个小时的时差，和女朋友晨昏颠倒的聊天，直接导致的后果是早晨起不来，上学迟到，屡次遭到老师的批评，批评中，自信渐渐失去，成绩没有起色。如今的他，也很想通过努力学习进入大学，可就是很难静下心来。他还谈到了自己的理想：学习心理学（该专业对英语的要求非常高），如今离这梦想是越来越远了。

谈起那段灰色的岁月，他强调了朋友的影响，一些更早来温哥华学习的同龄人给了他一些错误的信息，让他做了一些错误的选择。可少年的他，在极度渴望友谊的时期，哪里有明辨是非的能力？所以他特别愿意把自己的经验和教训与人分享，避免他人重蹈覆辙。我想，如果当初父母能陪在他身边，或者多给他关注，特别是交友方面多给他些指导，情况可能有所不同。

如今，20岁的他，也到了关注感情生活的阶段，国内的女友已经分手，他希望在温哥华找一个可以聊到一起的女生，一个对吃穿、化妆之外的事情有自己看法的女生。从这一点看来，他比很多同龄人都有远见，能够看清感情生活中最重要的因素。

他很聪明，动手能力很强，考7级驾照一次性通过。他建议年轻人对待驾驶考试一定要慎重，不要心存侥幸，练习的时间够了，功到自然成。这一点也是我5级驾照考试的体会。

他常会说起"如果我是爸爸，我会……"之类的话，看得出来，他对父母的很多观念和做法颇有微词。富养还是穷养，一直是家庭教育中大家广泛讨论的热点。白手起家的父母希望孩子珍惜他们的创业成果，而孩子觉得自己应该拥有最好的物质和精神财富——因为父母有能力给。在这样的亲子关系中，我们应该看到沟通的重要性。父母希望孩子能继承他们勤俭持家的财富观念，但他们没有和孩子多沟通，而是强加给孩子，因而未能获得孩子的理解。

他很喜欢看电影，之前给我推荐过几部他自己喜欢的电影。最初，我想我们之间由于年龄的差异一定存在代沟，他喜欢的电影，我应该不可能喜欢，就推托工作忙，没时间看。一次偶然的机会看了 *Twelve Angry Men*（《十二怒汉》），才发现其实他喜欢的电影是很有深度的——对这个孩子便又有了更深的了解。

他和那些追求衣着时髦的"富家子弟"确实不同，他经常穿的衣服都是普通的休闲装,有点儿旧了,有的T恤衫甚至穿5年了——其实,他真是一个淳朴真实的男孩,如果在青春期最关键的几年,有父母更多的陪伴和支持,一定会有所不同。

自律的R

R同学:17岁,从厦门来温哥华一年半,出国学习是他自己的想法——为了提高英语水平,感受英语国家的文化。在国内处处人山人海,让人感觉很压抑,而到了地广人稀的加拿大,他顿觉心胸开阔。他已经通过国内的会考获得了高中毕业证,只需要雅思成绩就可以申请大学(之前我已讨论过温哥华的省考对高中阶段来此学习的中国孩子是一个考验,若不能通过,就会影响高中毕业和申请大学。所以,不建议高中阶段来温哥华学习),所以他的学习压力相对小一些。

大概是心态轻松吧,他觉得学校里大部分老师都很友好,和国内相比,比较高的师生比能够保证教育的相对公平,因为每个人都能得到关注。

他喜欢吉他,在国内曾经接受过基础的教育,来温哥华以后,以自学为主。我问过他,为什么不找专业的老师教?他的回答令我吃惊:"因为这里的音乐教育费用太高了,至少是国内的两倍,我完全可以自学。"我曾经以为自己很了解这些出身富裕之家的孩子,以为他们会心安理得地使用父母挣得的财富,而事实往往是,他们珍惜父母的劳动成果,这也算"财商"高的标志吧。后来他谈起爸爸的创业过程,如何凭借聪明才智和吃苦耐劳的精神挣得了第一桶金。他毫不掩饰对爸爸的钦佩之情,觉得他有头脑,能吃苦,看得出来,父子之情很深。我也深深理解为什么他很珍惜父母创造的财富。

无疑,对财富的态度的教育,他的父母是成功的。

我问过他,在温哥华觉得孤独吗?因为大部分中国学生都觉得"寂寞难耐"。他回答:"没有感到孤独,一个人的时候也可以找到有意思的事情做。"真令我刮目相看,让我们这些把温哥华称为"好山,好水,好寂寞"的成年人也自愧弗如。

他的学习态度端正,来加拿大一年半,曾在Richmond的两所中学就读过。之前的学校里的ESL老师不是很负责任——这就解释了为什么来加拿大一年多了,他的英语水平进步不大。现在的老师除了词汇和语法的教学,会介绍很多加拿大的文化背景知识,他觉得很好,很有用,不过对于考雅思没有针对性。学业的平庸导致他没有自信,他的目标是雅思 6 分。

让他谈谈给即将出国学习的同龄人的建议,他谈到了一些缺乏自律的同学,虽然也知道省考的重要性,内心焦急,但是没有付诸行动,去全力以赴地准备。有的甚至用吸大麻来麻痹自己,所以他对他们是否能顺利毕业表示担心。他建议同龄人早一点儿到加拿大学习,尝试交西方人朋友,要更快地融入这里的文化,而不是只把自己限制在中国人的圈子中。当然,对朋友一定要有鉴别力。他谈到了自己的一次经历:因为爱好骑单车,他和一个西方人成了朋友,一起买车,一起骑行。交往几次后,西方人朋友问他要不要抽烟,他突然明白那人想让他一起抽大麻。他婉言谢绝了,从此断绝了和那人的往来。

他喜欢并擅长绘画,希望学习室内设计。由于英语成绩并不理想,他不自信,或者说没有决心去努力,觉得上一个普通的学院就满足了。说到未来,他当然希望毕业之后能留在加拿大发展,但如果没有特别好的机会,也只能回国了。

明辨是非,积极阳光——距离成功,他仅仅需要更多一点儿努力。

女学霸 L

L 同学:18 岁的女学霸,来自投资移民家庭。之前曾以移民身份,在温哥华的中学学习一年,后回国。去年雅思考了 7 分,用国内高中成绩申请 UBC,没想到 UBC 要求提交高考成绩。因为错过了国内高考的报名时间,她只有准备用 SAT 美国高考的成绩来申请。今年 3 月来到温哥华,全力准备 SAT。我们俩在课堂上非常欢乐,她对问题却绝不含糊。刚开始写作时,感觉难以下笔,后来每天一篇,连续十多天后,就下笔如有神助。5 月 3 日,L 参加了 SAT 考试,20 天后,她兴奋地告诉我她清早做的第一件事——查成绩,居然达到了 2080 分!从 3 月 26 日刚接触 SAT,当时的测试成绩是 1560 分,到 5 月 3 日一战,只有一个月零六天。这是我教 SAT 以来成绩提高得最快的学生。我们每周 5 次课,每次两小时,为了在成绩提交的截止日期前达到目标,我上课的语速超快,她努力地跟上。词汇记忆法、基本题型、基本解题思路用了 10 次课讲完，我们就进入了"题海大战"——一天一套题、一篇作文。做了大概 10 天，阅读中的严重挫败感让她质疑："做了这么多的题，看不到进步，有意义吗？"我对她说："我手头 SAT 的练习题有 56 套，你才做了 10 套，从量变到质变的临界点你还没有达到，要相信自己，功到自然成。"将信将疑中，她又鼓起了斗志，开启了"学霸"的模式。终于，水到渠成，天道酬勤，她已稳获 UBC 大学录取通知，相信在这个过程中，她收获良多。

这 3 个孩子都来自投资移民家庭，富裕家庭的孩子有"学霸"，也有"学渣"，都源于不同的家庭教育，父母如果忙于事业，疏于对孩子的关怀和照顾，教育的结果便会与送孩子出国学习的初衷背道而驰，从而追悔莫及，所以"劝君惜取少年时"——不仅适用于孩子，同样适用于家长。请家长惜取孩子的少年时，珍惜和孩子相处的点滴时光。

附录　加拿大留学十问答

Q：留学加拿大费用是多少？

A：与美国、英国等热门留学国家相比，加拿大留学费用相对较经济。公立学校对移民免收学费，国际生每年的全部费用（包括学费和生活费）约在15—20万之间，依据不同城市、学校及专业而定；私立学校的费用（包括学费和生活费）要高很多，约每年30—35万人民币。

Q：本科学校如何选择？

A：国内的高三毕业生去加拿大读本科，不一定选择多伦多和温哥华的学校，因为这两个城市中国人数量较多，而且读书成本和生活成本都很高。加拿大各省之间的教育质量其实并无太大差异，去一些中小城市学习，可选择的学校往往更多、费用也更合理，甚至将来毕业后移民也更有优势。

Q：加拿大的名校很容易申请吗？

A："名校"的概念是视学校和专业而定的，综合类大学中的名校申请难度相对较高，并随申请人数的逐年增加，录取门槛"水涨船高"。事实上，众多加拿大名校的录取门槛已经全线上升了：UBC要求高考成绩；UT要求成绩单认证；MBA大多不提供无语言录取，并且需要语言成绩达IELTS7/IBT100，申请本科的成绩需要达到85—90分及以上。

Q：高中毕业申请加拿大留学，选择大专还是本科？

A：要根据家庭的经济情况、学生的性格特点、留学目标和人生规划来选择学校。一般来说，高中成绩较好、以学术为留学目标、经济基础好的学生，建议申请本科；以工作和移民为目标、经济条件一般的学生可选择大专，因为大专的专科在课程设置中更注重实际应用，且多数专业都带有实习的机会，这样在毕业后就更易找到工作。

Q：加拿大本科录取有哪些方式？

A：除直接录取外，还有预科和双录取的方式。预科是对学习成绩处于中下游的学生,通过先学习基础的课程,最终进入加拿大名校的途径,而"双录取"是指,加拿大大学针对报考学生发送两张录取通知,一张是该学校语言中心的录取通知,另一张是该学校的录取通知。只要学生顺利在该校语言中心结业,便可直接进入被录取的大学。这对暂时没有语言成绩、又想尽快到大学学习的中国应届高考生来说,是比较合理的选择。

Q:申请加拿大的大学,需要准备什么材料?申请难点在哪里?

A:对来自非英语国家的学生来说,申请加拿大的大学,除了需要高中毕业证、高中三年的成绩单之外,还需要提供语言成绩(雅思、托福)。越是名校,对申请人的语言成绩要求越高,专业不同,对语言的要求也不同。对于那些没有语言成绩或成绩未达到其所申请专业对语言成绩要求的学生,就难以直接进入大学本科,一般情况下需要先进入大学的语言学校(ESL)进行语言学习,以使自己的英语过关。

Q:申请加拿大的大学需要会考、高考成绩吗?

A:申请加拿大大学,高中成绩是必需的,但会考和高考成绩不是必需的。有的大学要求提供高考成绩,有的则不需要。以安大略省为例,多数大学需要提供高考成绩,比如多伦多大学、滑铁卢大学、西安大略大学等等。

Q:语言要达到何种程度才能被加拿大大学录取?

A:不同的学校及专业对语言的要求也不同,并非所有学校都需要语言成绩,没有语言成绩的学生可选择大学双录取。但是一些名校是没有双录取的,所以考取语言成绩就是必需的。一般大学最低的入学标准是托福80或雅思6.5以上。

Q:在加拿大的大学上学期间可以更换院校或专业吗?

A:可以更换。加拿大的大学采取的是学分制,更换院校可以将已修学分转入更换后的大学。但更换专业,尤其是跨学科专业间转换将会损失部分学分。

附录　加拿大留学十问答

Q：留学加拿大的前途怎样？

A：留学加拿大的前途，大致可概括为以下两个发展方向——

留加发展　毕业后，在加拿大找一份适合的工作，申请绿卡（永久居民）；申请加入加拿大国籍，或转到美国发展，在中、加、美三国之间选择更好的发展机会。

回国发展　加拿大学历全球认可，再加上国外生活、学习的经历和语言优势，可回国谋求更广阔的发展。

图书在版编目（CIP）数据

这就是加拿大：读书在枫叶之国 / 肖莉著 . — 北京：
人民日报出版社，2015.1
ISBN 978-7-5115-3028-8

Ⅰ . ①这… Ⅱ . ①肖… Ⅲ . ①留学教育－加拿大－手册
Ⅳ . ① G649.711-62

中国版本图书馆 CIP 数据核字（2015）第 023383 号

书　　名：	这就是加拿大：读书在枫叶之国
著　　者：	肖　莉
出 版 人：	董　伟
责任编辑：	陈　红
封面设计：	主语设计
出版发行：	人民日报出版社
社　　址：	北京金台西路 2 号
邮政编码：	100733
发行热线：	（010）65369527　65369509　65369510　65369846
邮购热线：	（010）65369530　65363527
编辑热线：	（010）65369844
网　　址：	www.peopledailypress.com
经　　销：	新华书店
印　　刷：	北京鑫瑞兴印刷有限公司
开　　本：	710mm×1000mm　1/16
字　　数：	260 千字
印　　张：	18
印　　次：	2015 年 3 月第 1 版　2015 年 3 月第 1 次印刷
书　　号：	ISBN 978-7-5115-3028-8
定　　价：	36.00 元